세광음악출판사

1권에서 배우는 음악이론

⭐ 왼손과 오른손, 손가락 번호

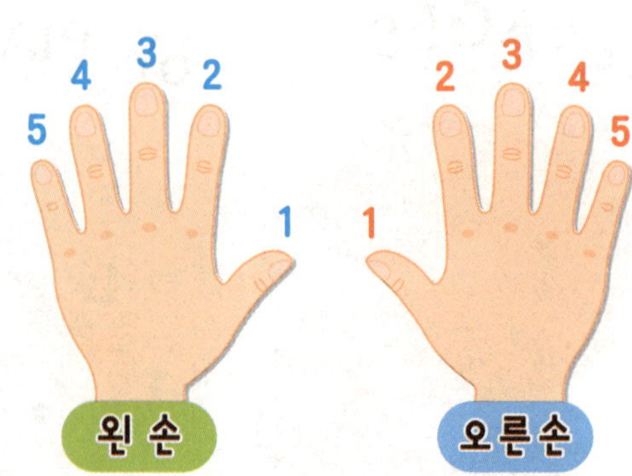

⭐ 계이름

올라가는 계이름   도 레 미 파 솔 라 시 도

내려가는 계이름   도 시 라 솔 파 미 레 도

⭐ 건반과 계이름

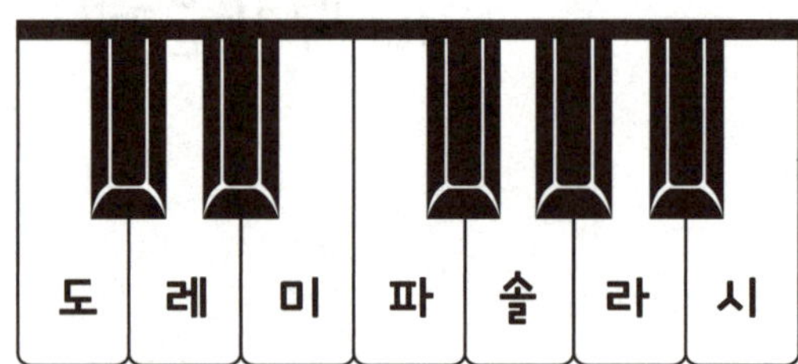

⭐ 오선, 줄과 칸

⭐ 높은음자리표와 낮은음자리표

⭐ 음표(4분음표, 2분음표, 점2분음표, 온음표)

차례

🔔 왼손을 대고 그려 보세요.

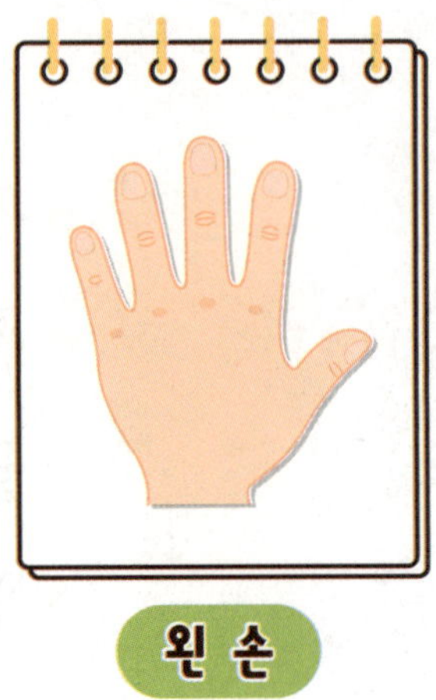

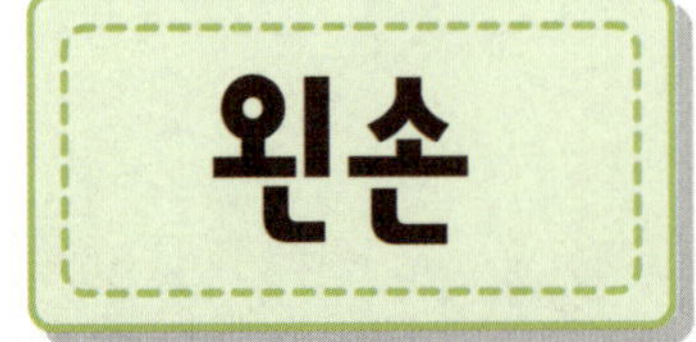

🔔 오른손을 대고 그려 보세요.

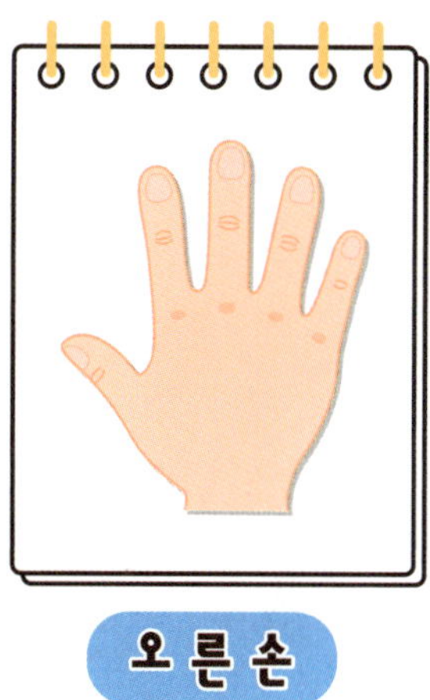

왼손과 오른손

🔔 왼손은 O, 오른손은 △를 그리고, 왼손과 오른손 각각의 개수를 써 보세요.

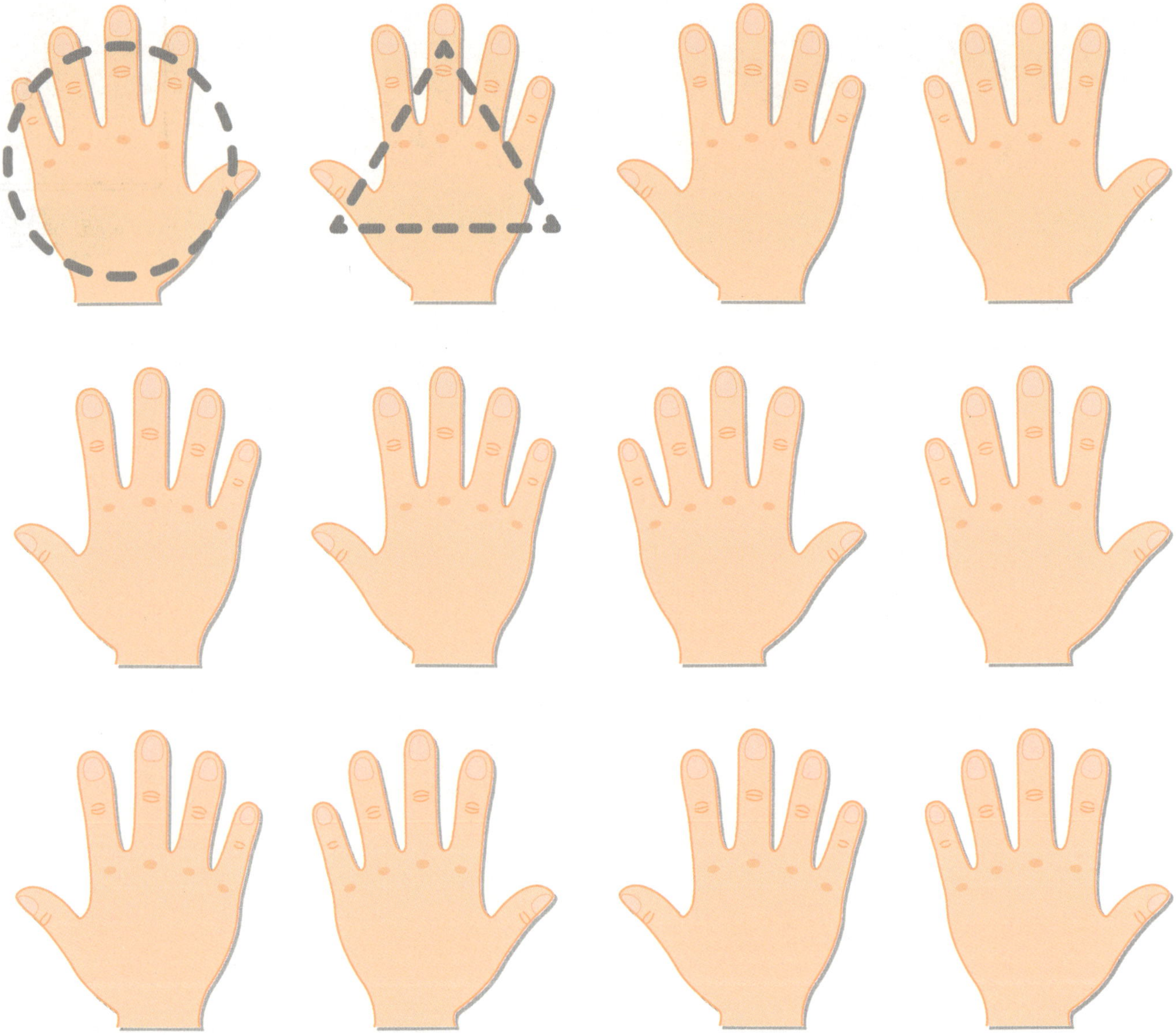

🔔 왼손 – 오른손 의 순서대로 짝 지어진 것에 ⭕ 해 보세요.

힌트

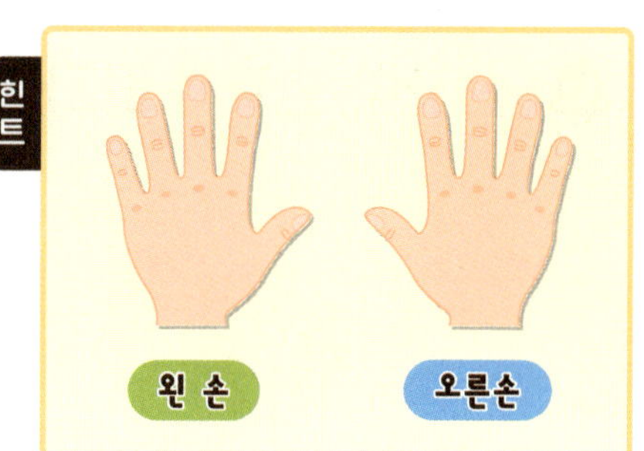

1

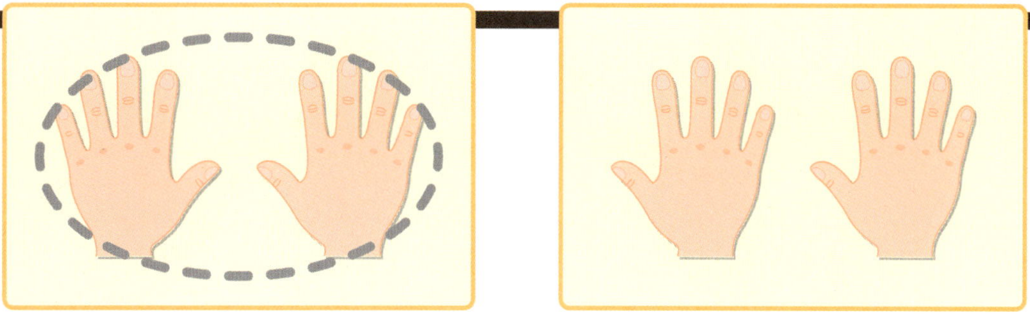

2

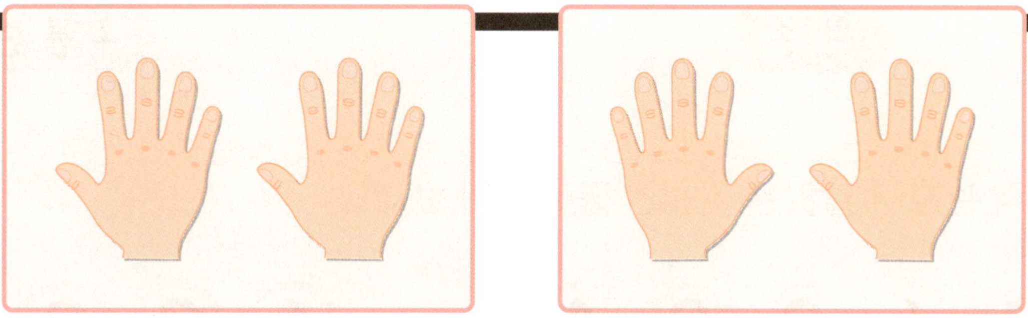

3

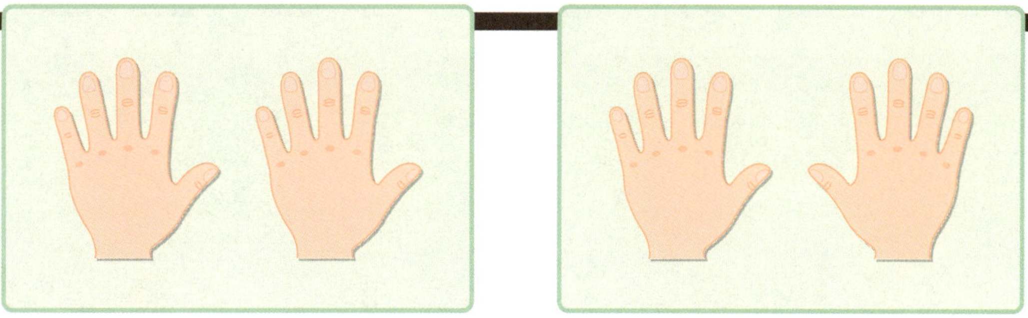

4

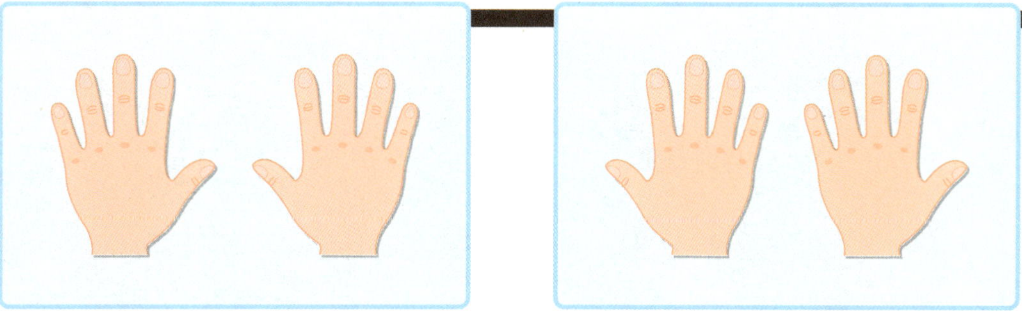

🔔 손가락 번호를 따라 써 보세요.

🔔 손가락 번호가 알맞은 것끼리 줄로 이어 보세요.

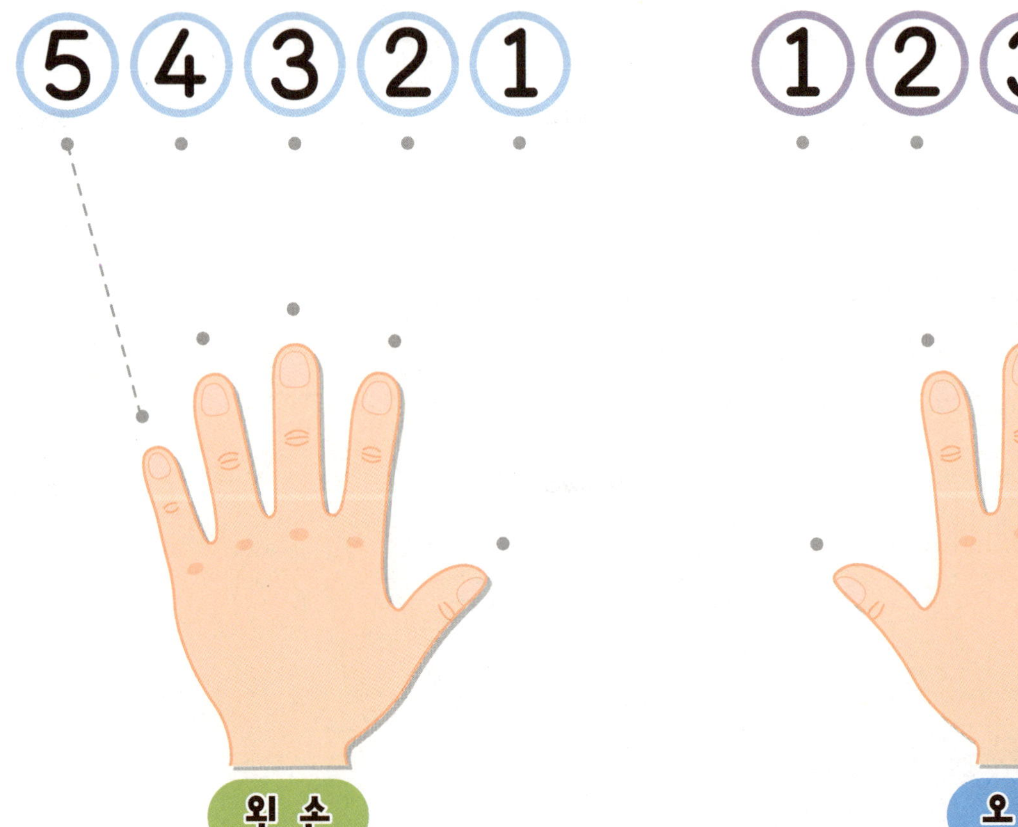

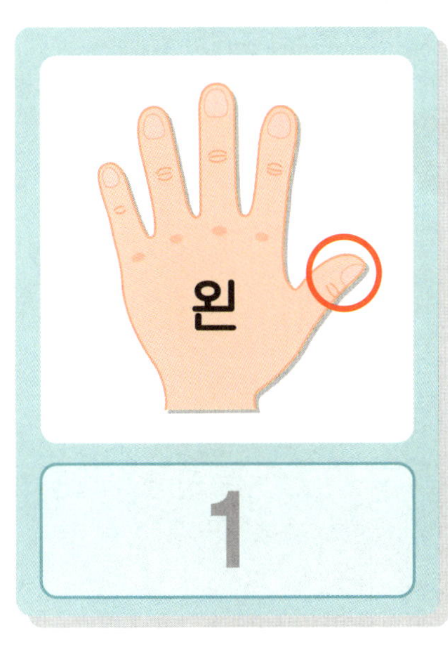

1

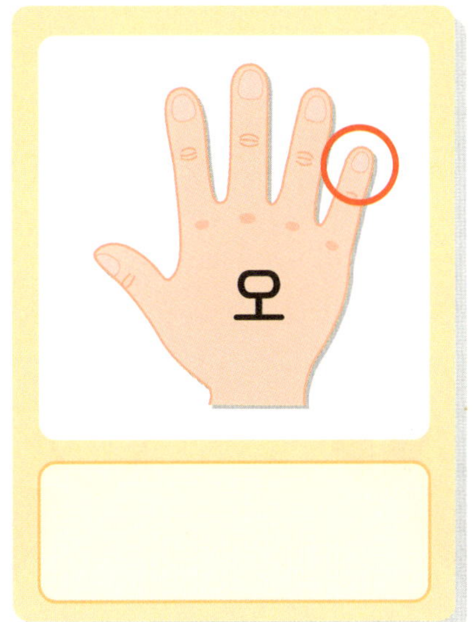

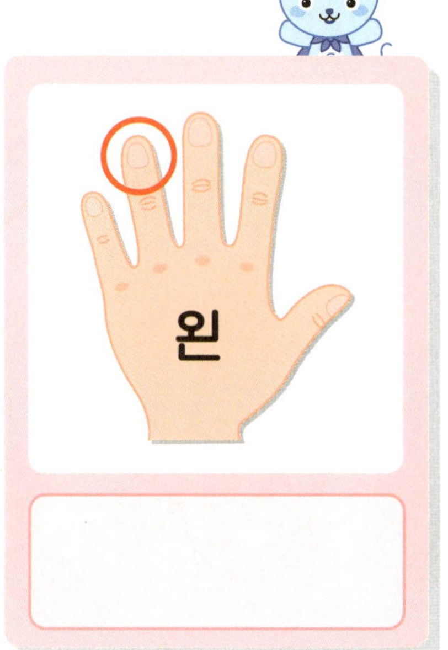

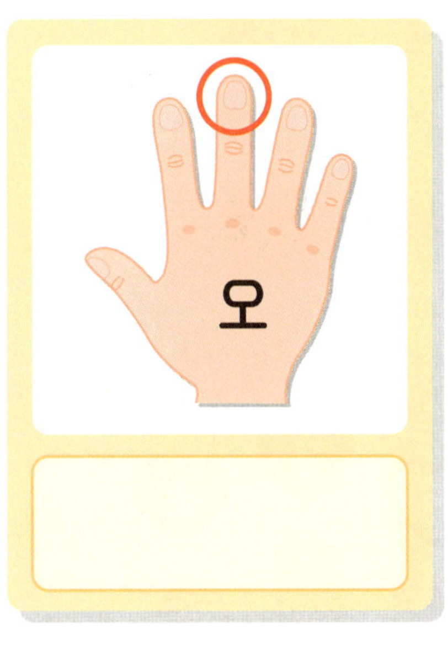

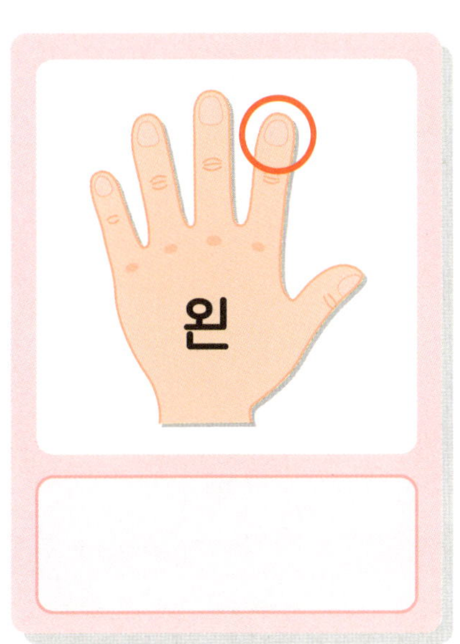

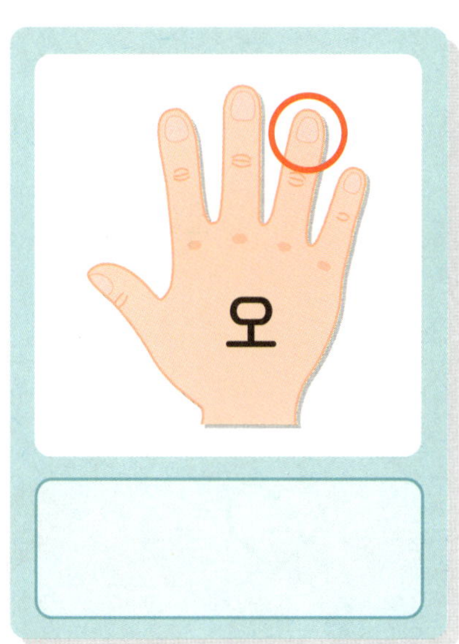

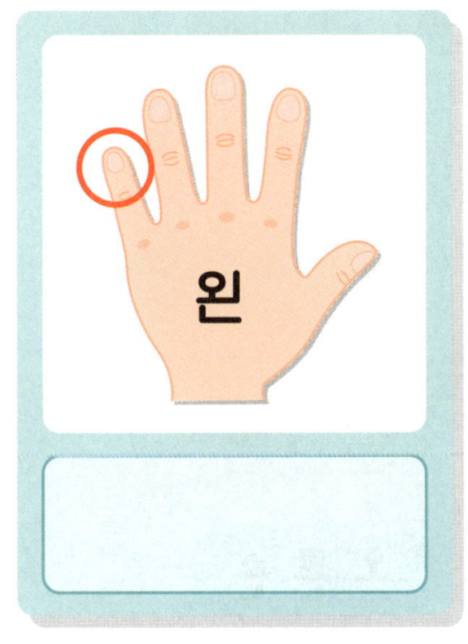

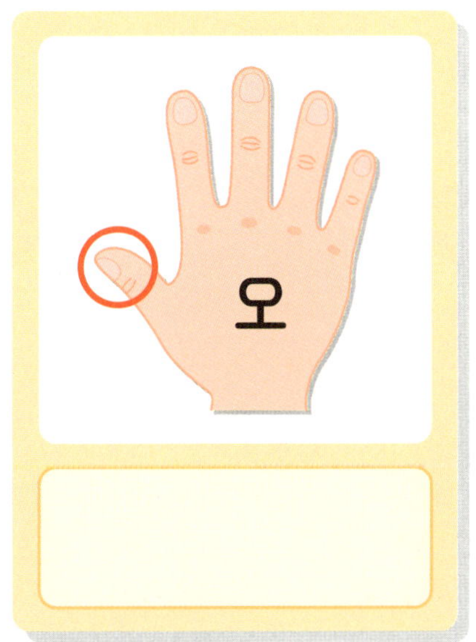

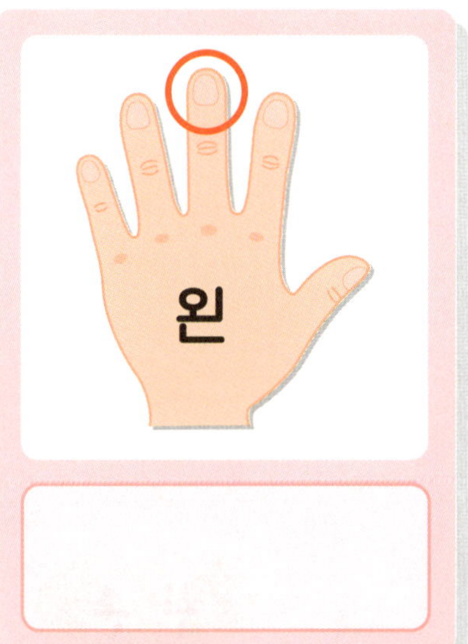

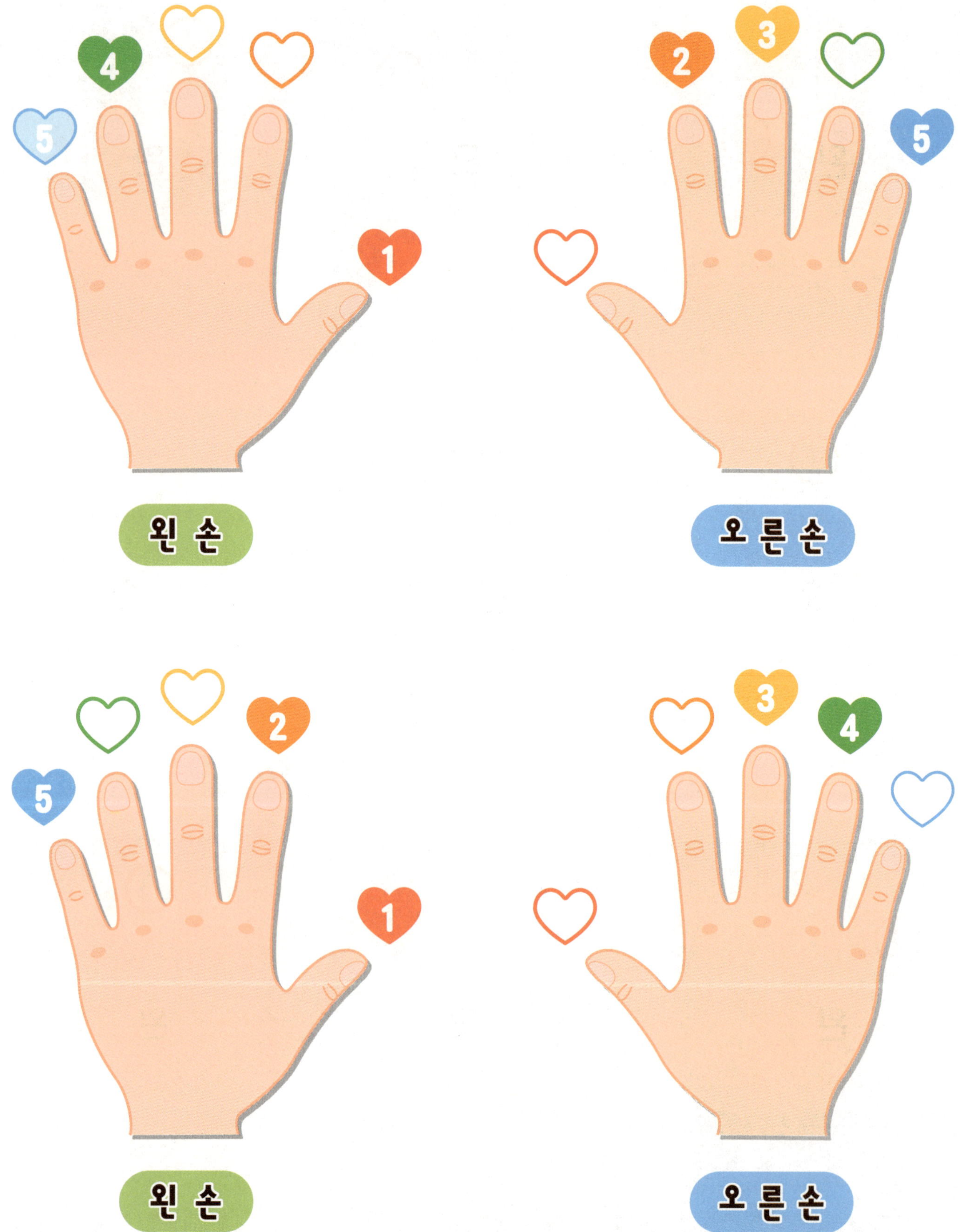

왼 손
오른손
왼 손
오른손

🔔 알맞은 것끼리 줄로 이어 보세요.

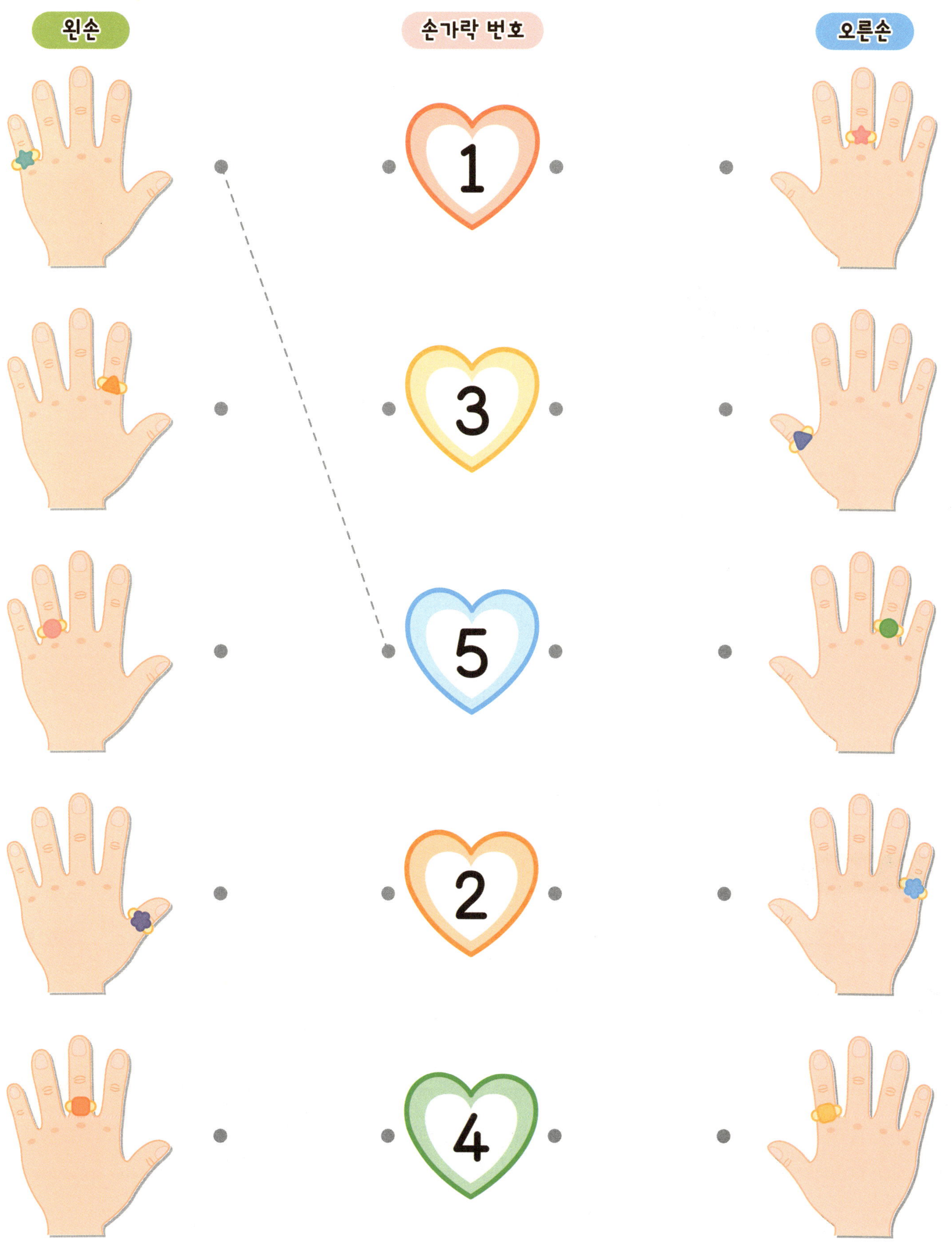

올라가는 계이름

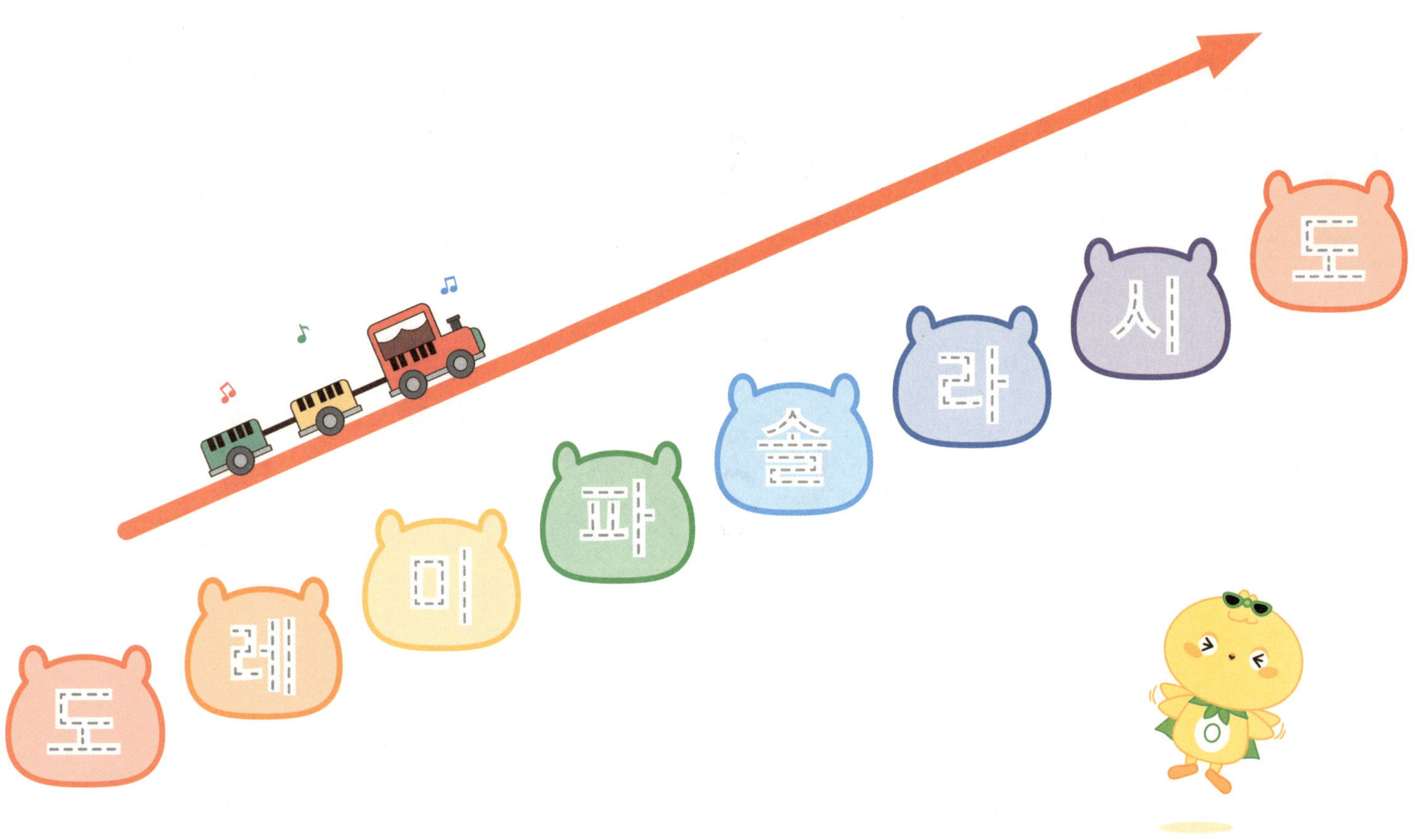

🔔 빈칸에 들어갈 알맞은 계이름을 써 보세요.

올라가는 계이름

내려가는 계이름

🔔 내려가는 계이름을 따라 써 보세요.

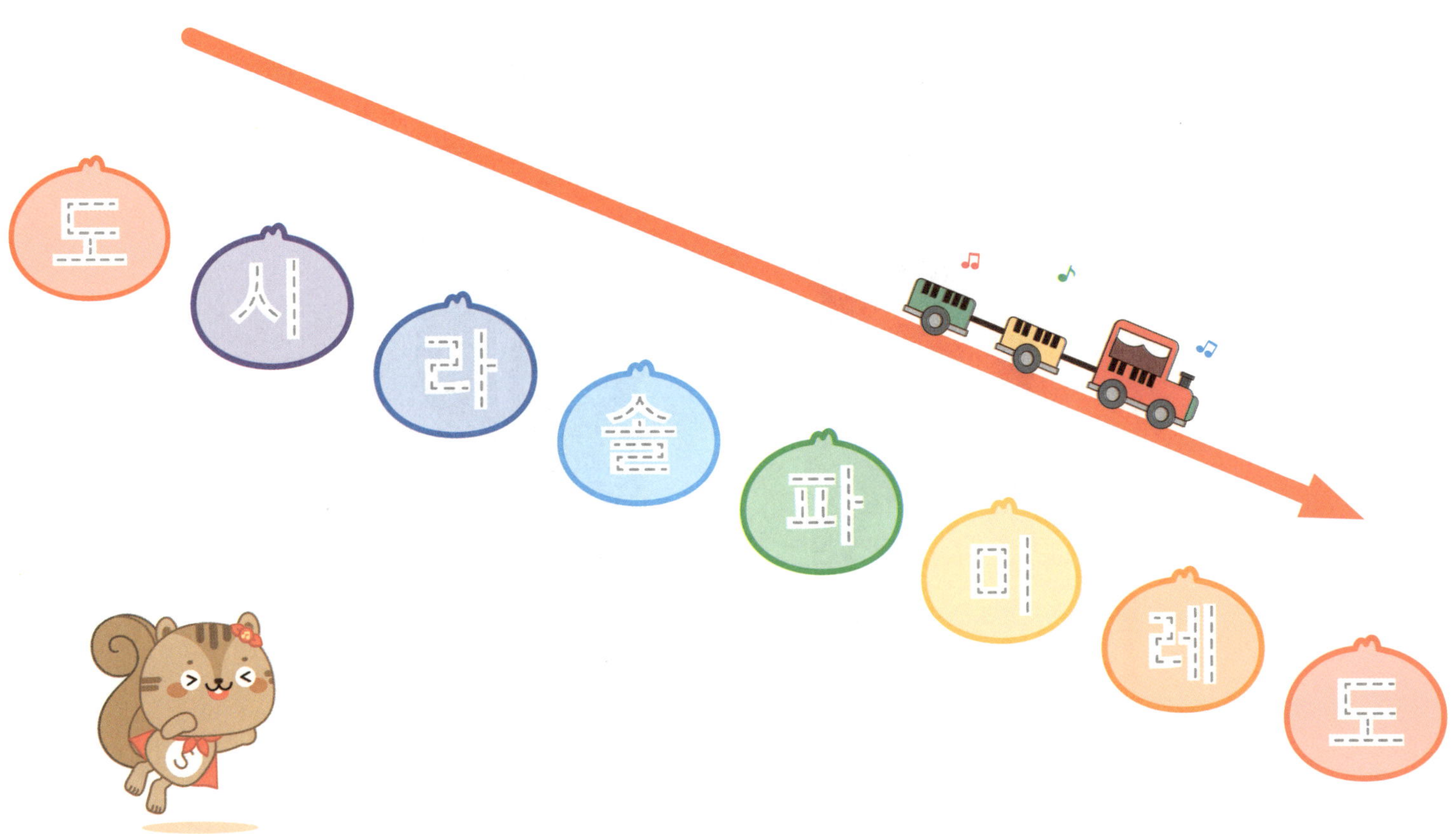

🔔 빈칸에 들어갈 알맞은 계이름을 써 보세요.

내려가는 계이름

올라가는 계이름
내려가는 계이름
도
파
미
도
도
시
라
솔
레
도

보기에 있는 계이름을 모두 찾아 ◯ 해 보세요.

보기

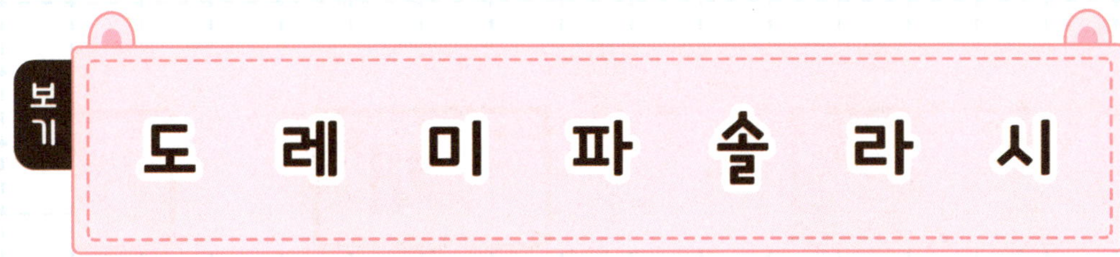

흰 건반과 검은 건반

🔔 따라 써 보세요.

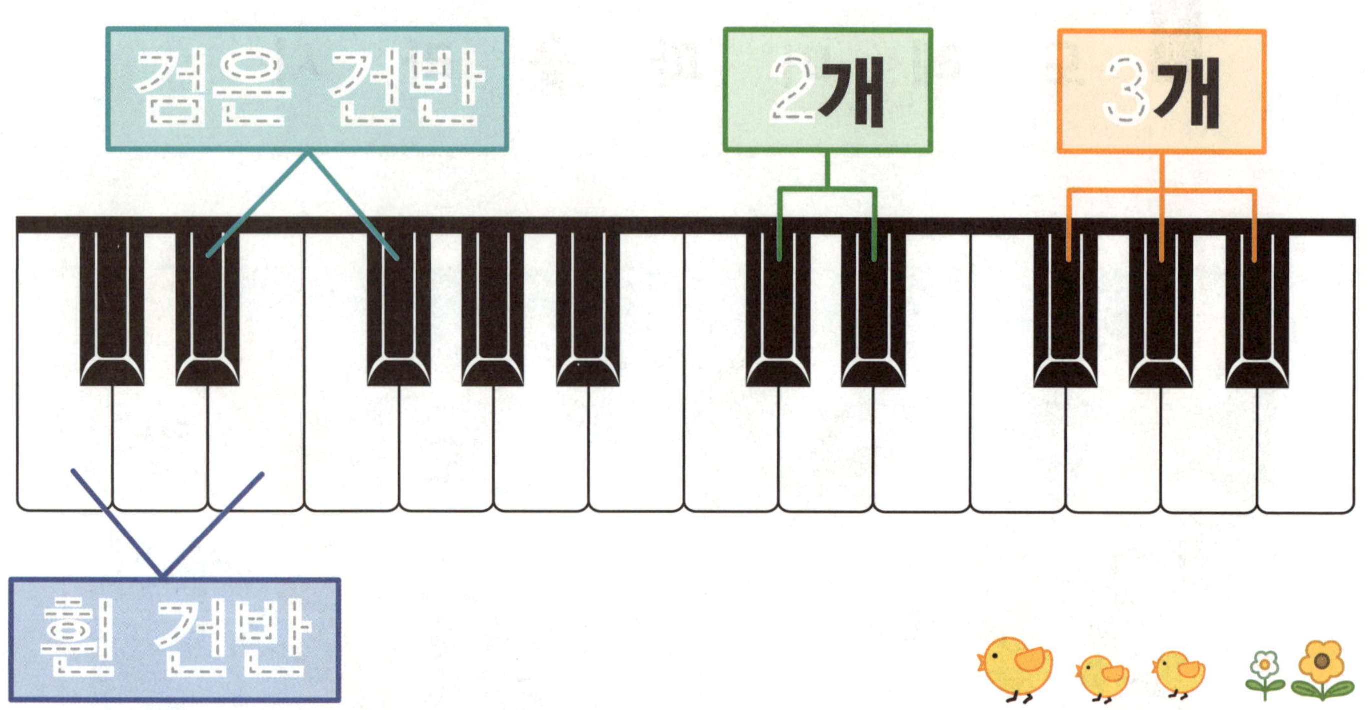

🔔 검은 건반의 개수가 알맞은 것끼리 줄로 이어 보세요.

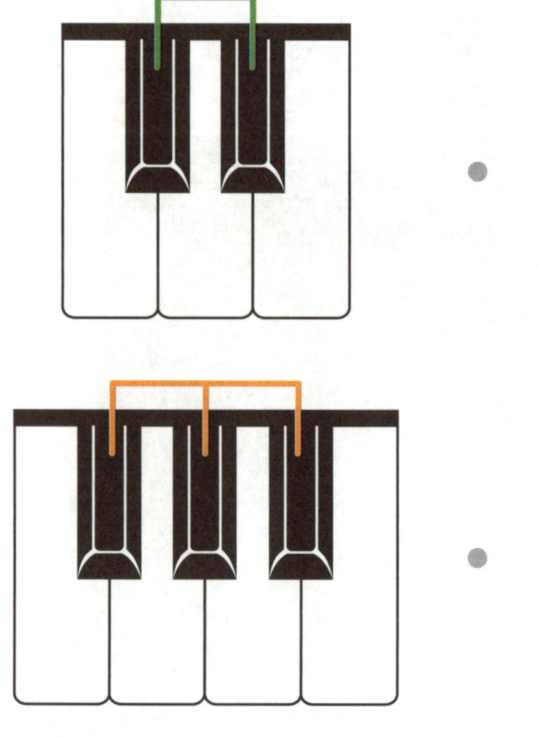

 SOS 음악이론

🔔 2개씩 모여있는 검은 건반은 O, 3개씩 모여있는 검은 건반은 △로 표시해 보세요.

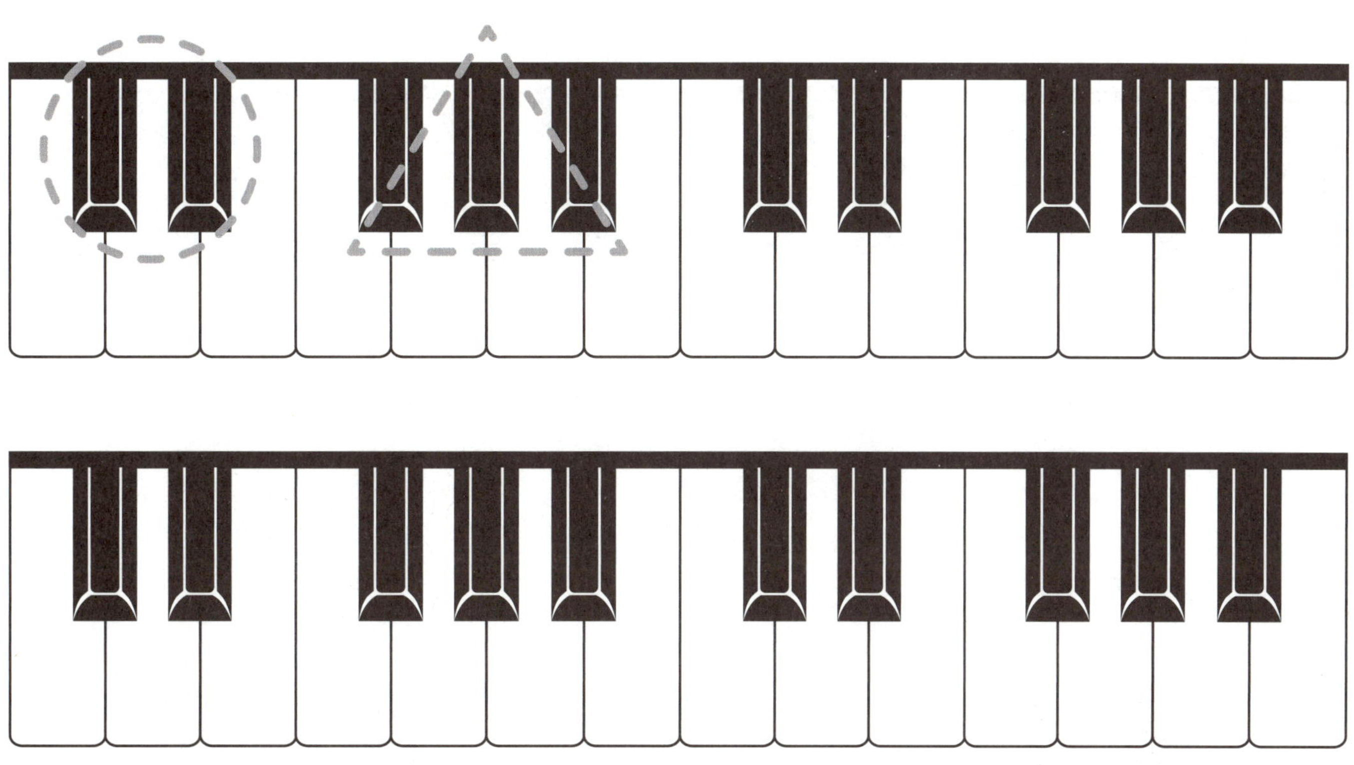

🔔 검은 건반이 3개씩 모여 있는 곳을 모두 찾아 스티커를 붙여 보세요.

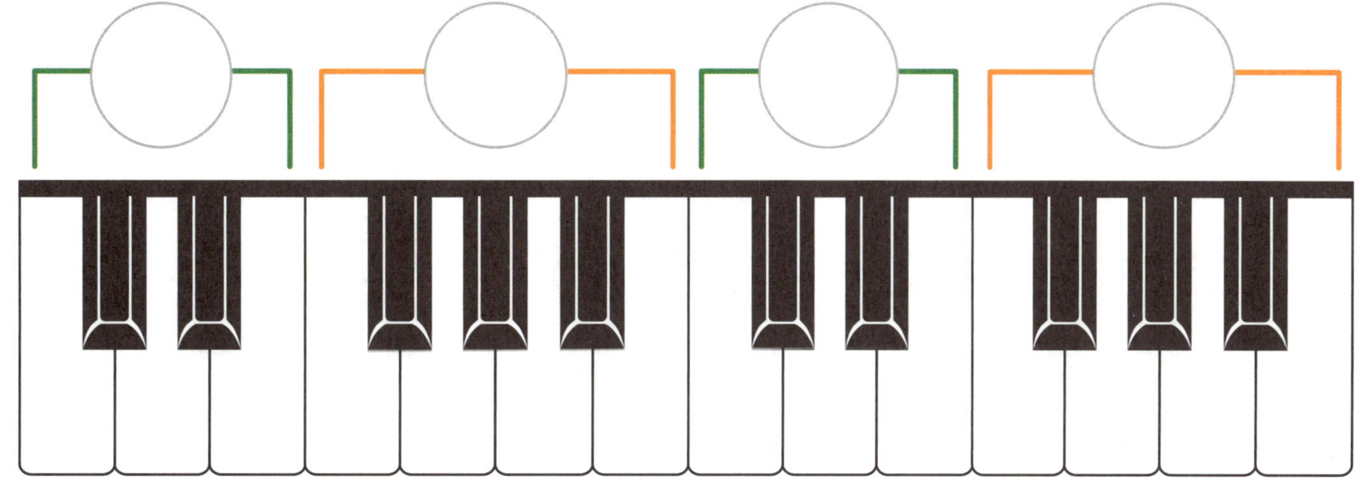

건반과 계이름 – 도

🔔 '도'를 따라 써 보세요.

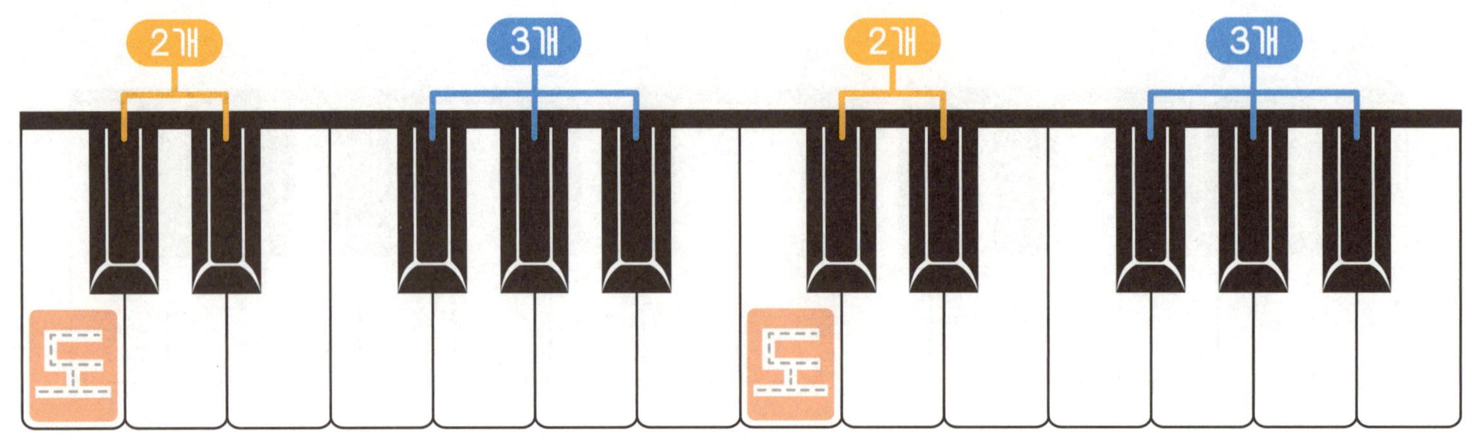

🔔 '도'를 모두 찾아 색칠해 보세요.

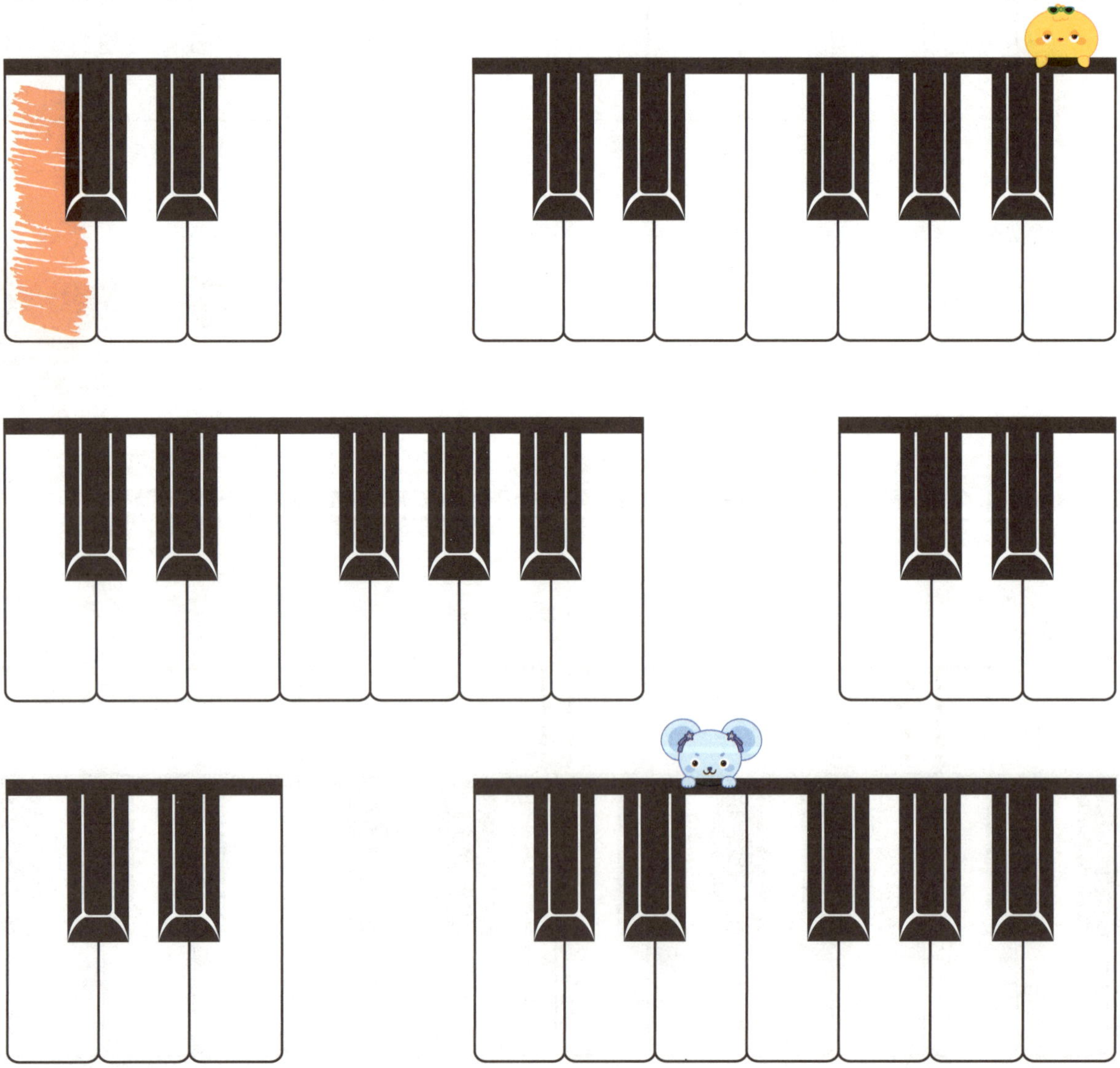

건반과 계이름 - 레

'레'를 따라 써 보세요.

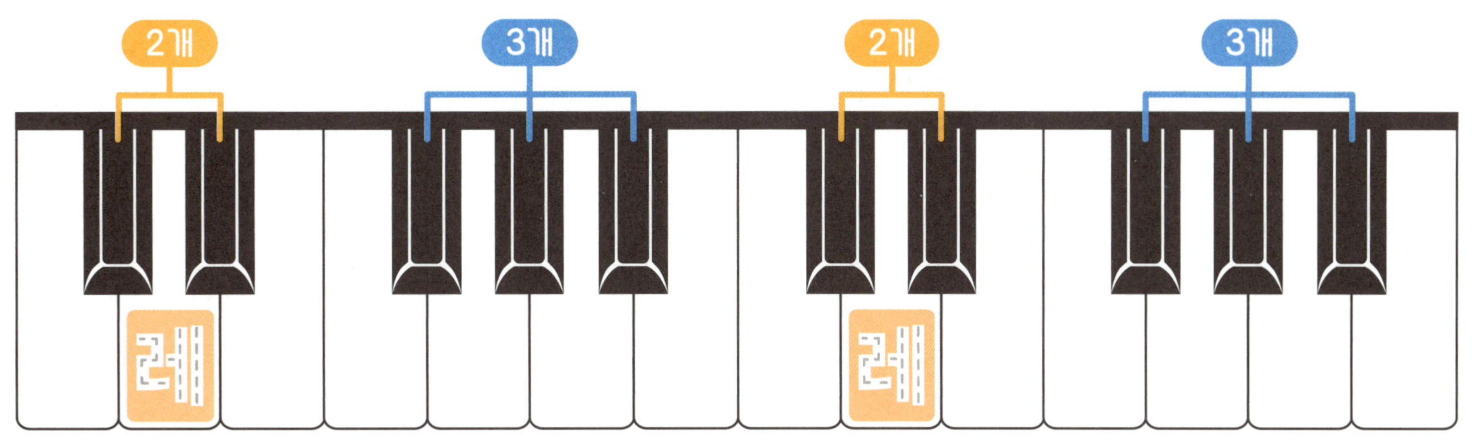

'레'를 모두 찾아 색칠해 보세요.

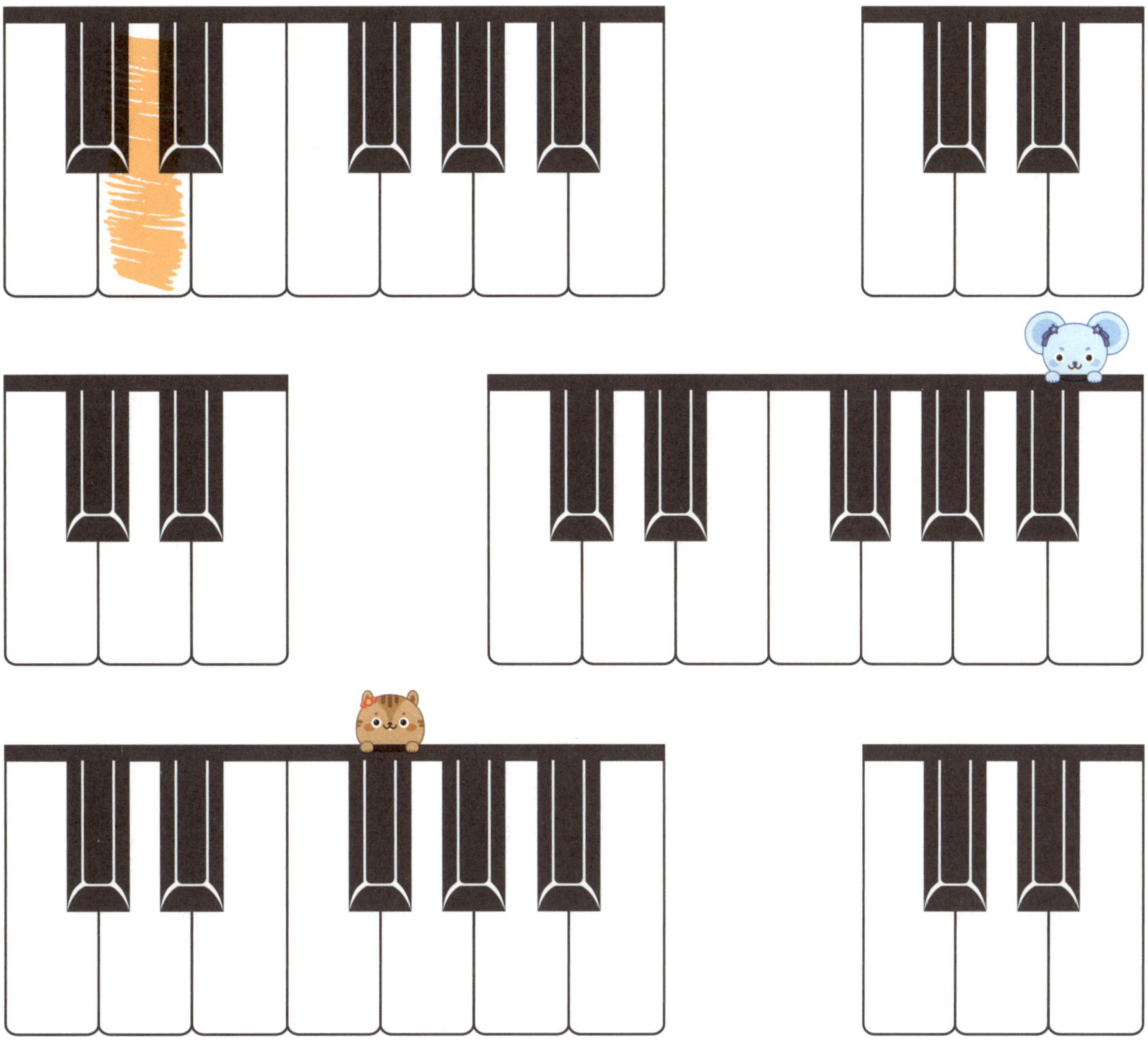

건반과 계이름 – 미

🔔 '미'를 따라 써 보세요.

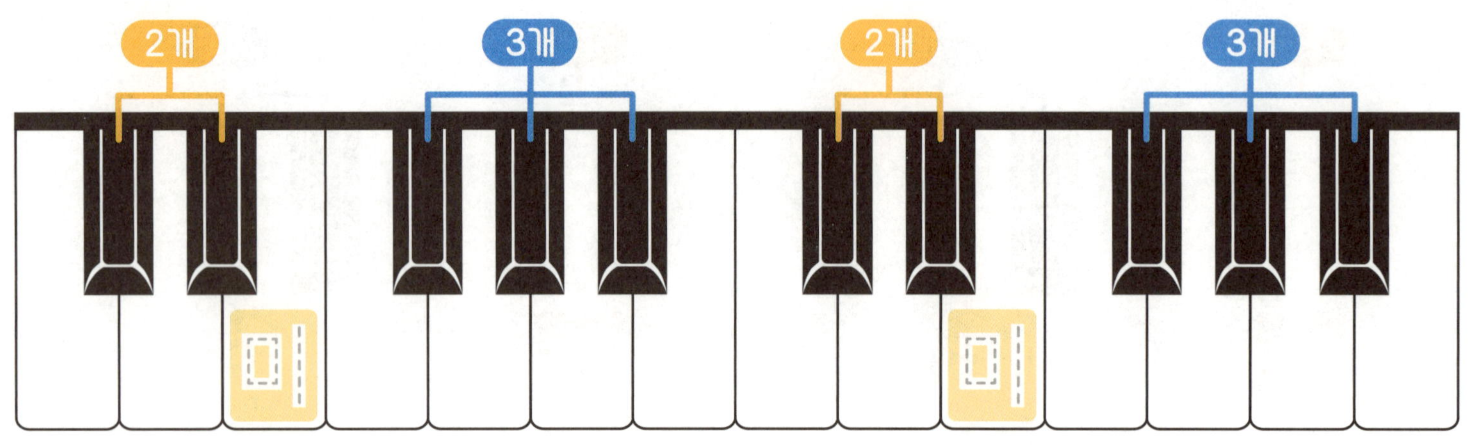

🔔 '미'를 모두 찾아 색칠해 보세요.

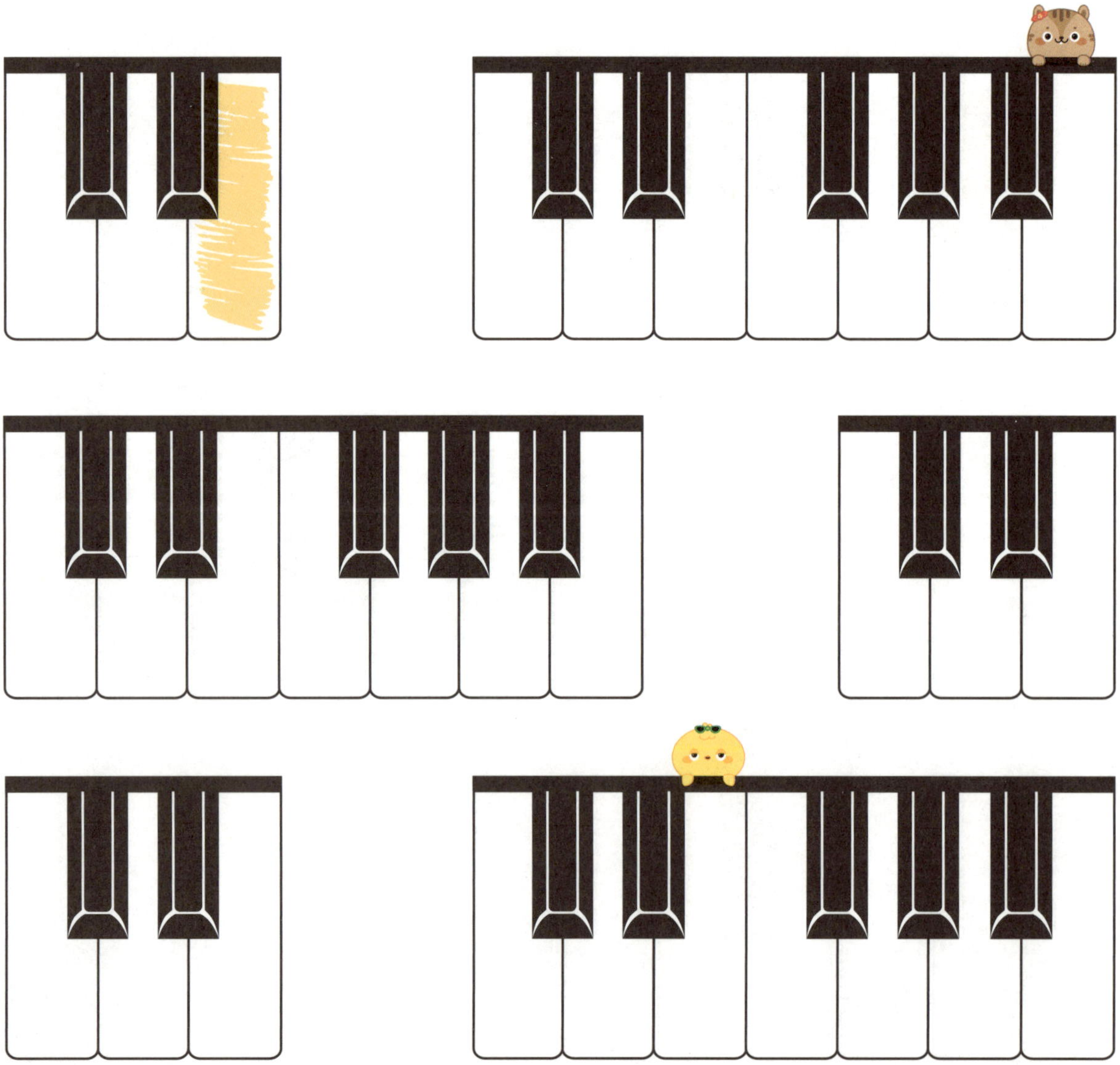

건반과 계이름 – 도 레 미

🔔 빈칸에 알맞은 계이름을 써 보세요.

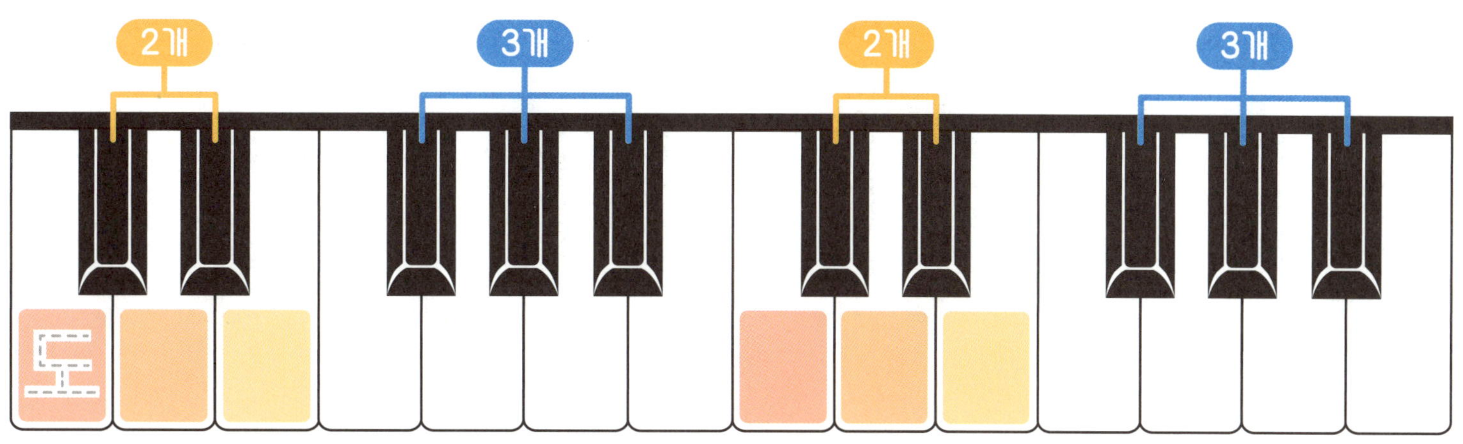

🔔 계이름에 알맞은 건반을 찾아 줄로 이어 보세요.

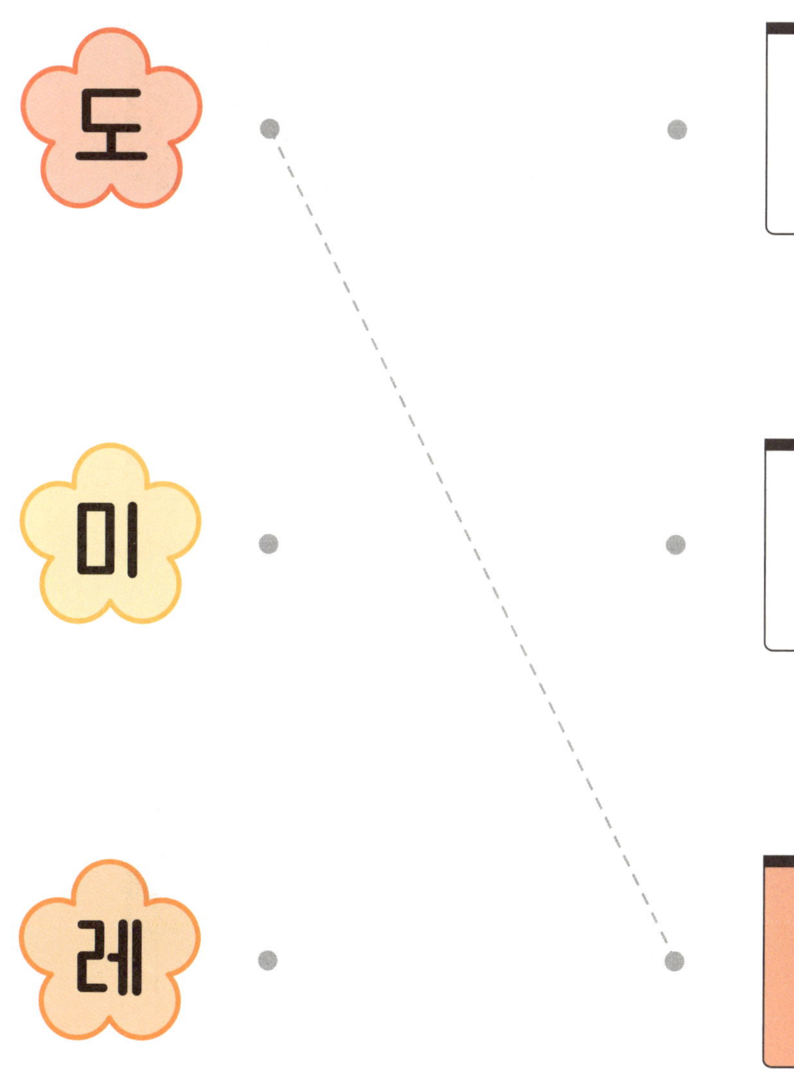

건반과 계이름 - 파

'파'를 따라 써 보세요.

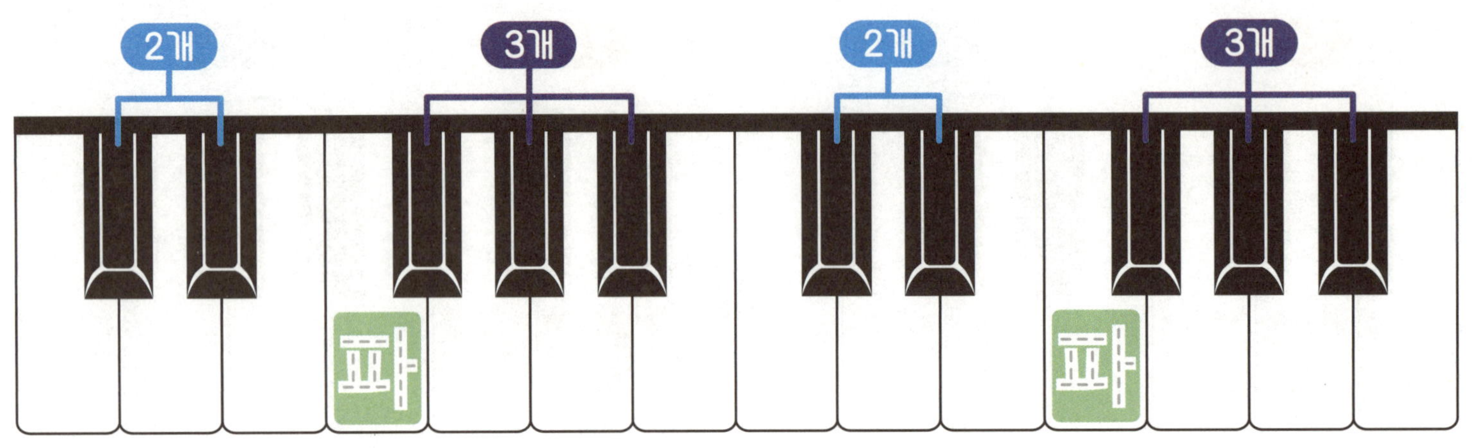

'파'를 모두 찾아 색칠해 보세요.

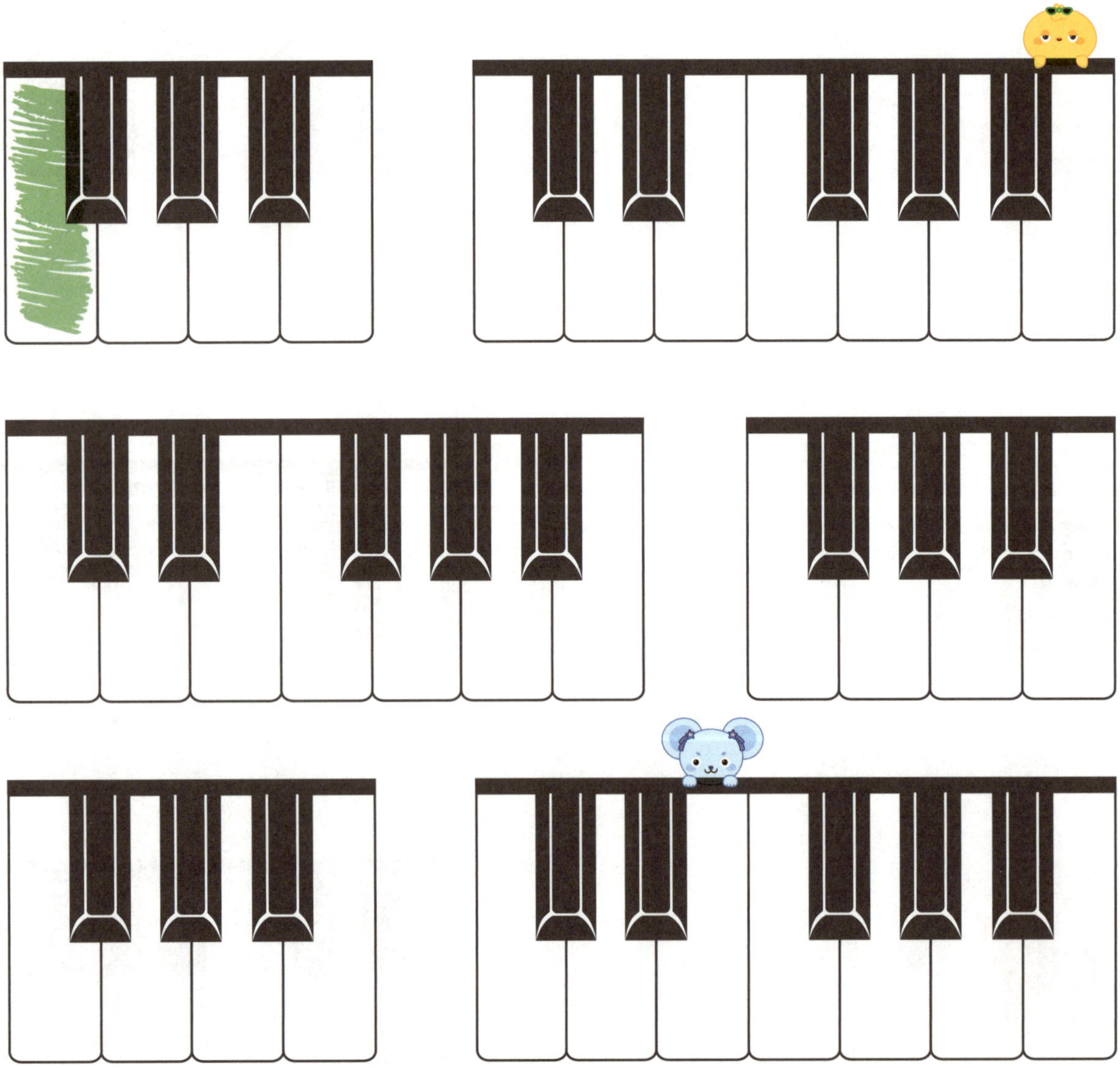

건반과 계이름 - 솔

'솔'을 따라 써 보세요.

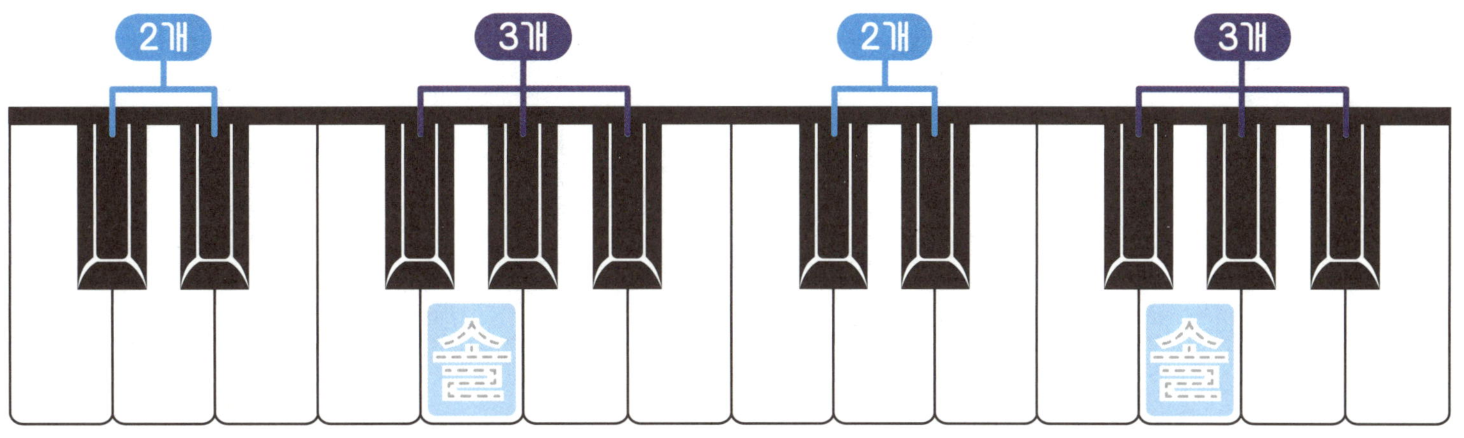

'솔'을 모두 찾아 색칠해 보세요.

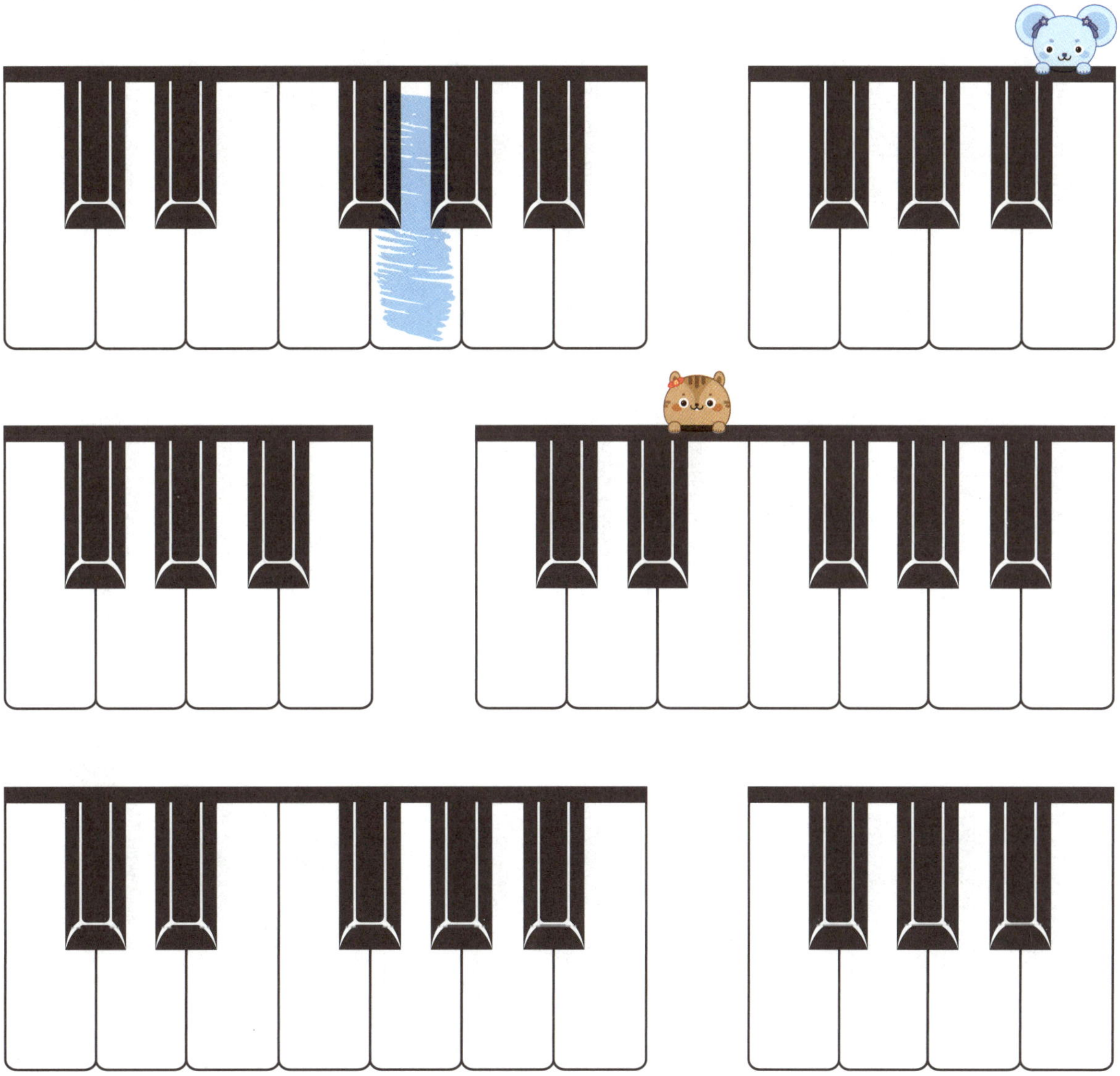

🔔 '라'를 따라 써 보세요.

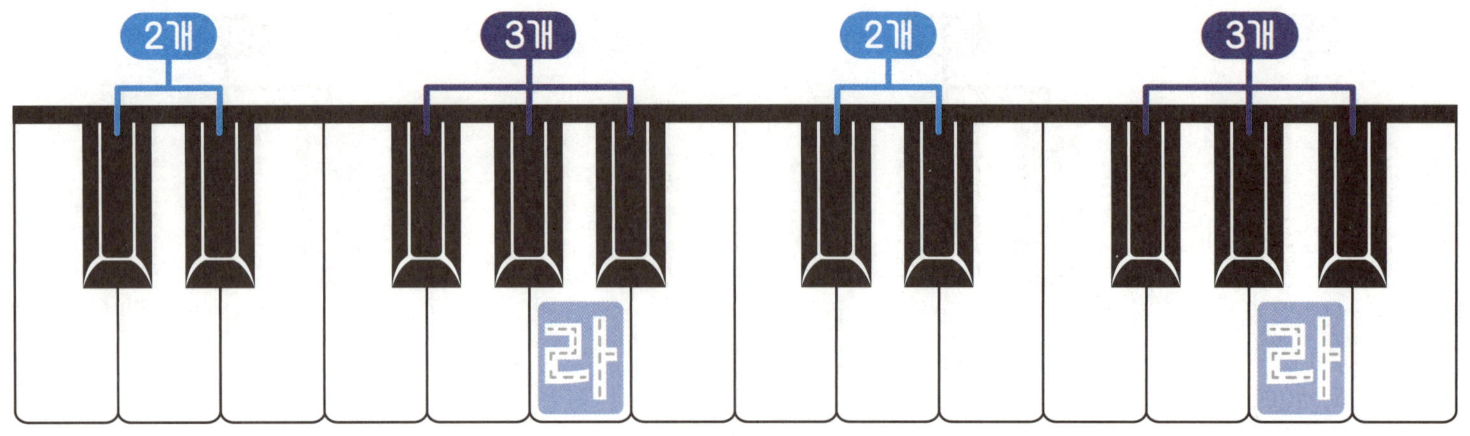

🔔 '라'를 모두 찾아 색칠해 보세요.

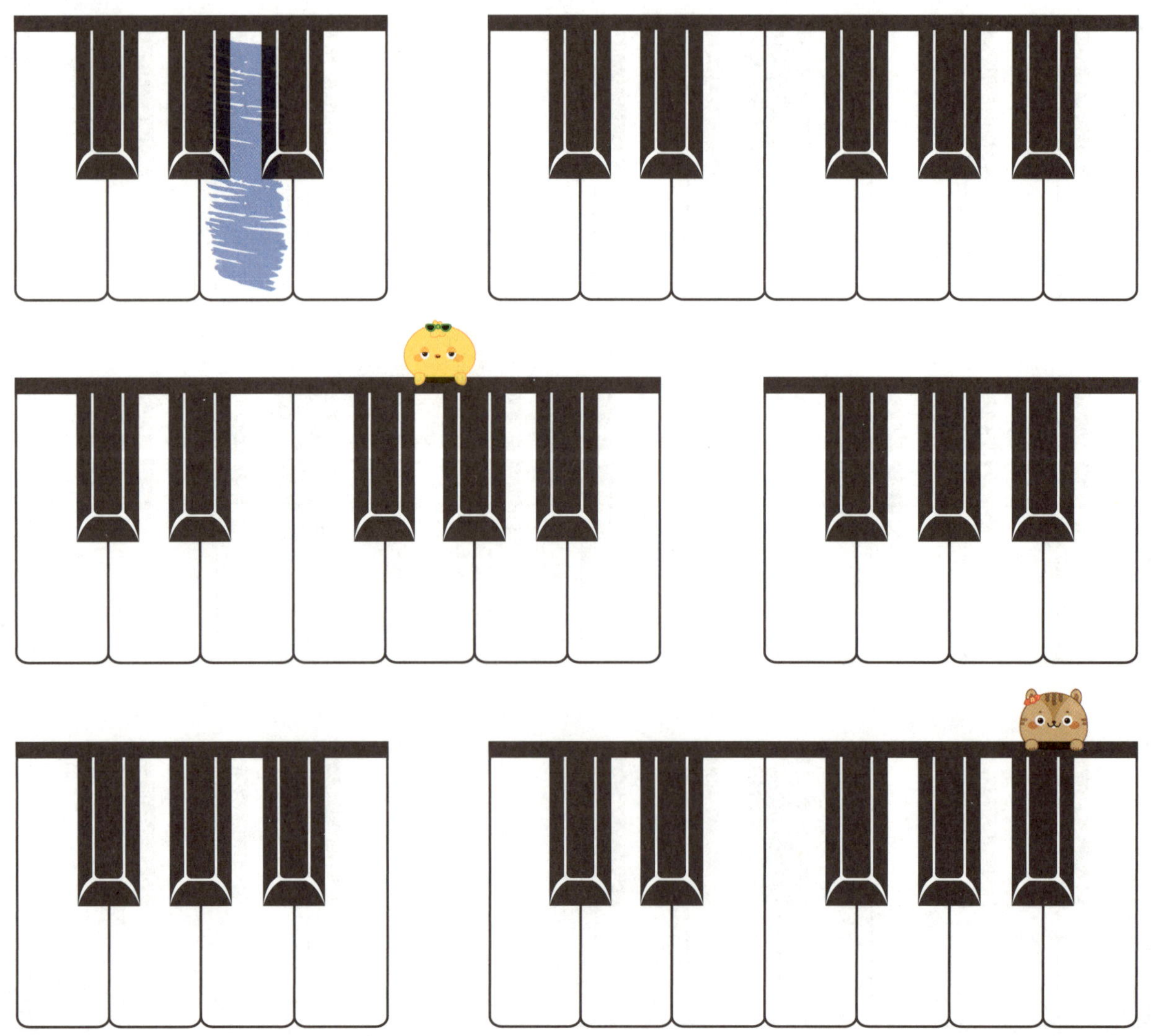

🔔 '시'를 따라 써 보세요.

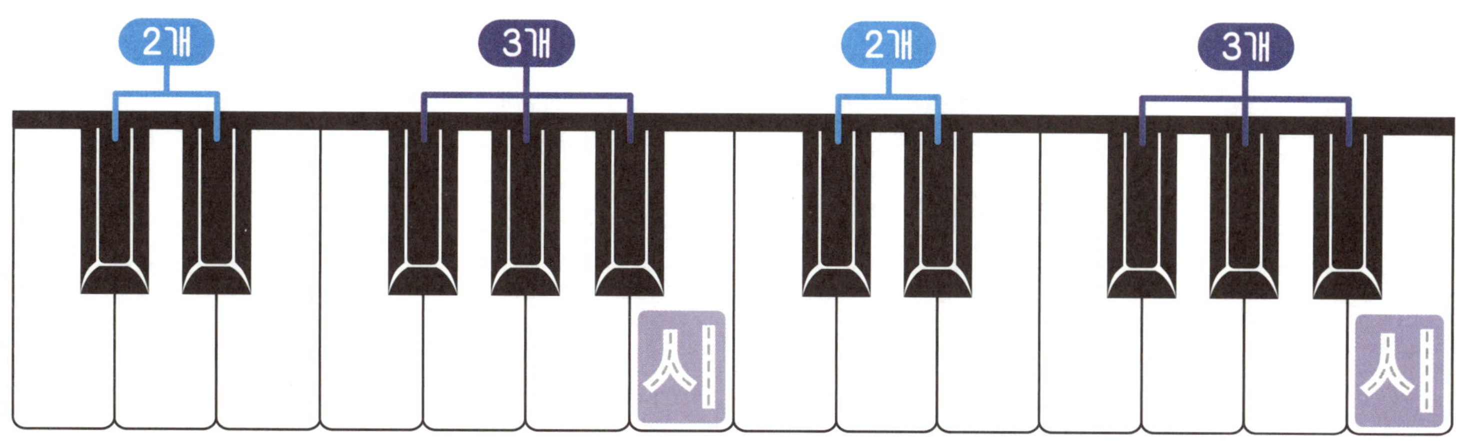

🔔 '시'를 모두 찾아 색칠해 보세요.

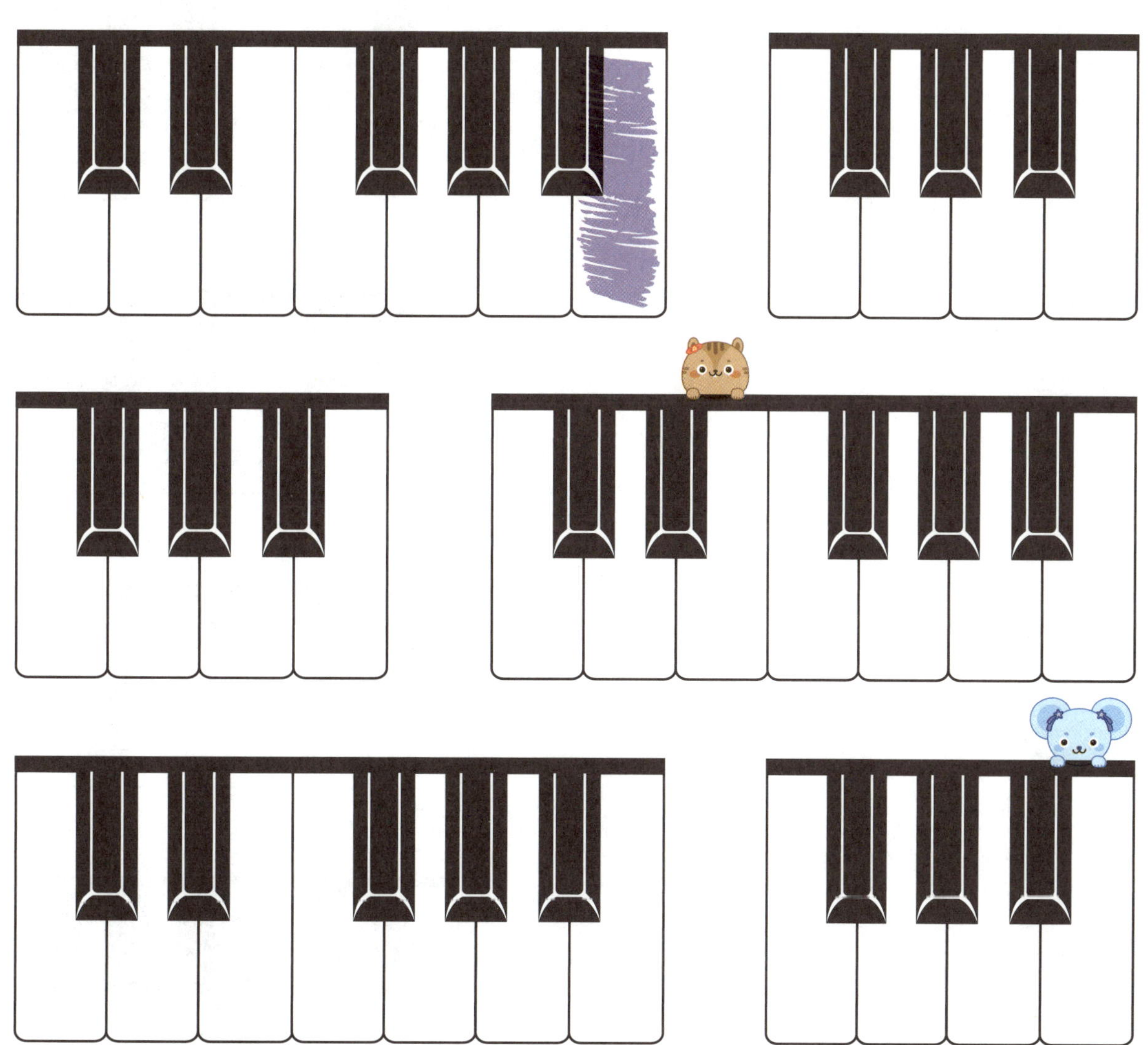

🔔 빈칸에 알맞은 계이름을 써 보세요.

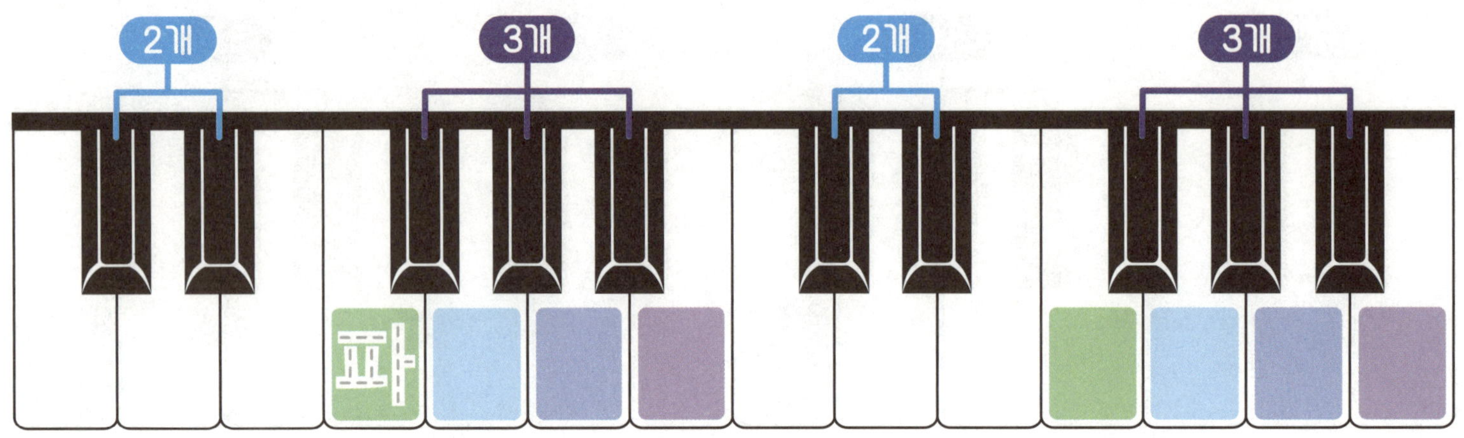

🔔 계이름에 알맞은 건반을 찾아 줄로 이어 보세요.

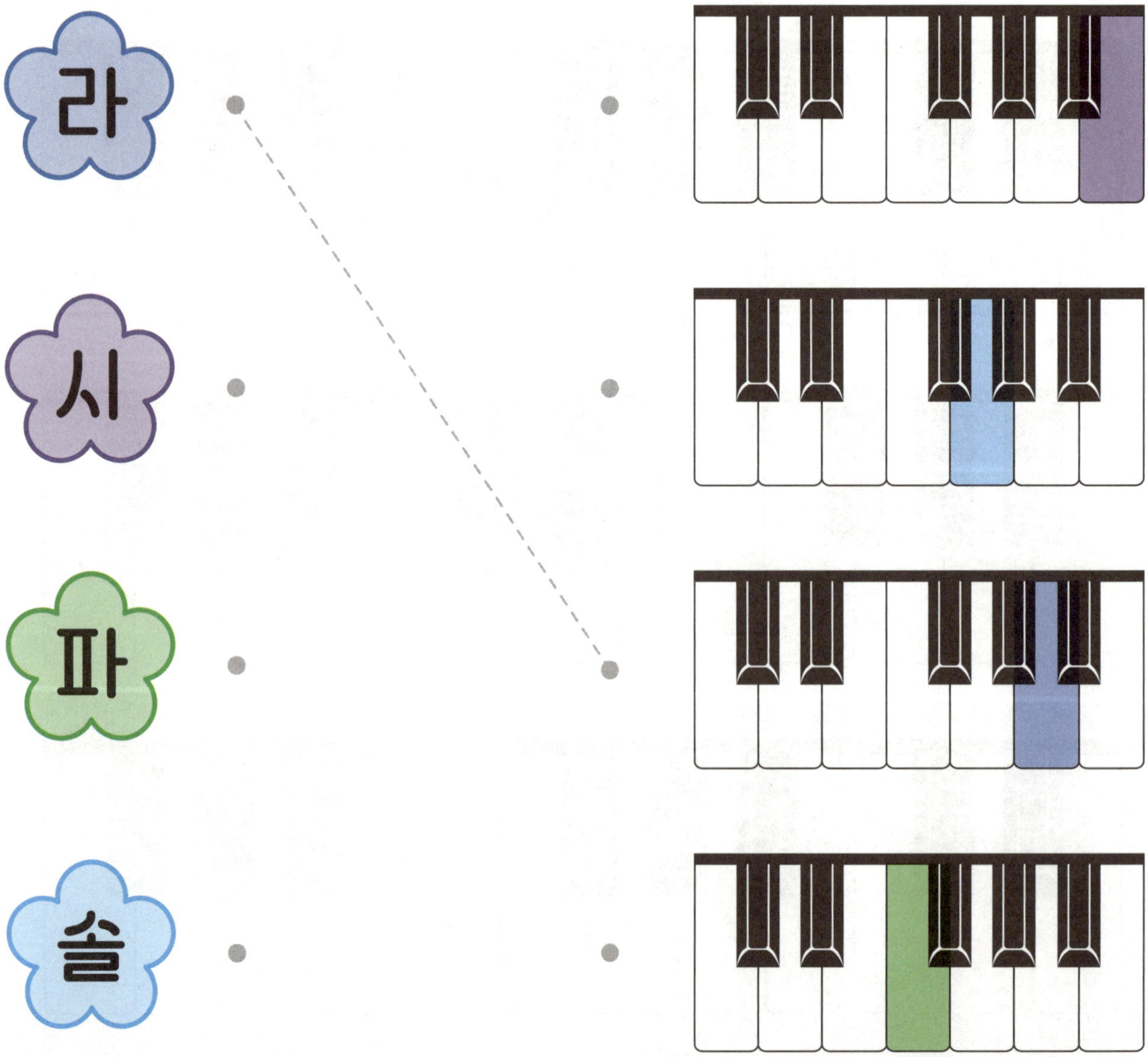

라

시

파

솔

도레미파솔라시

🔔 빈칸에 색칠된 건반의 계이름을 써 보세요.

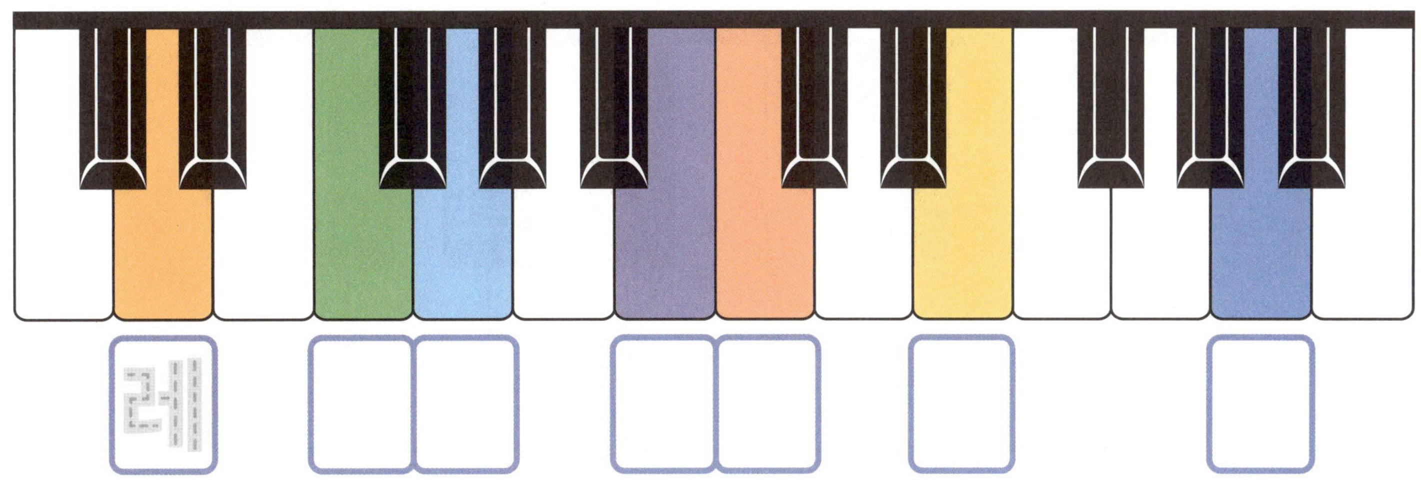

🔔 계이름이 맞으면 O, 틀리면 X 해 보세요.

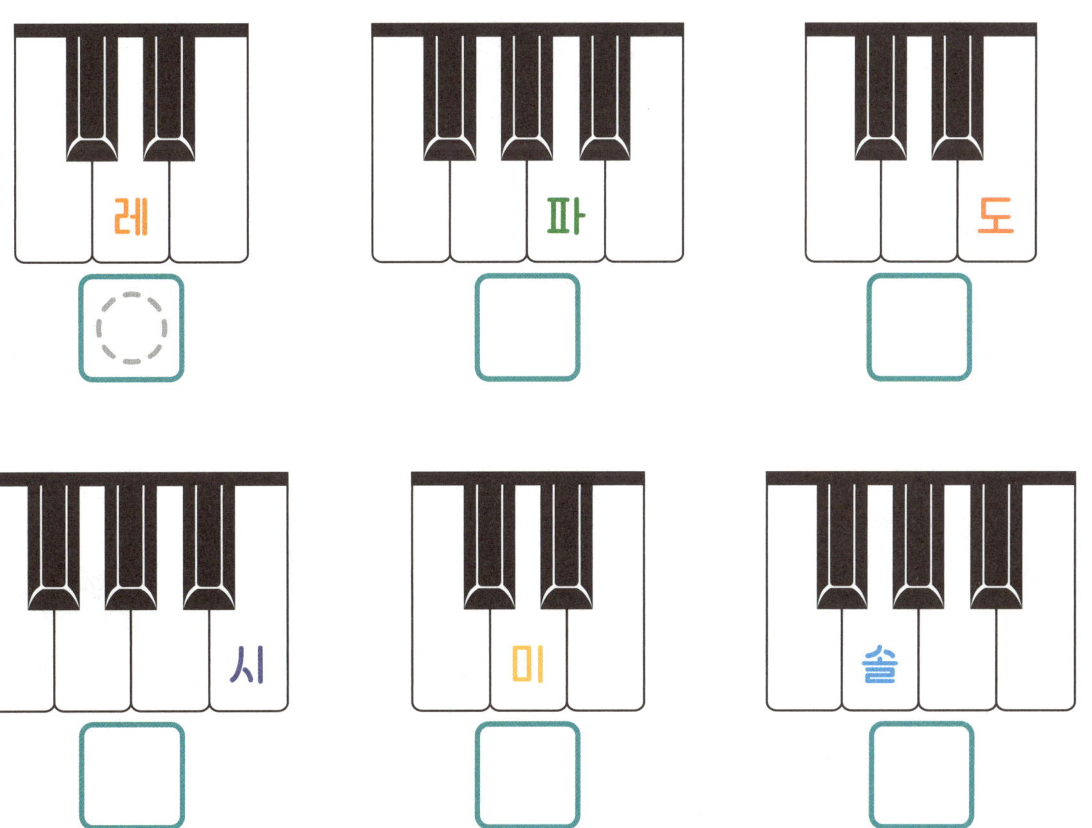

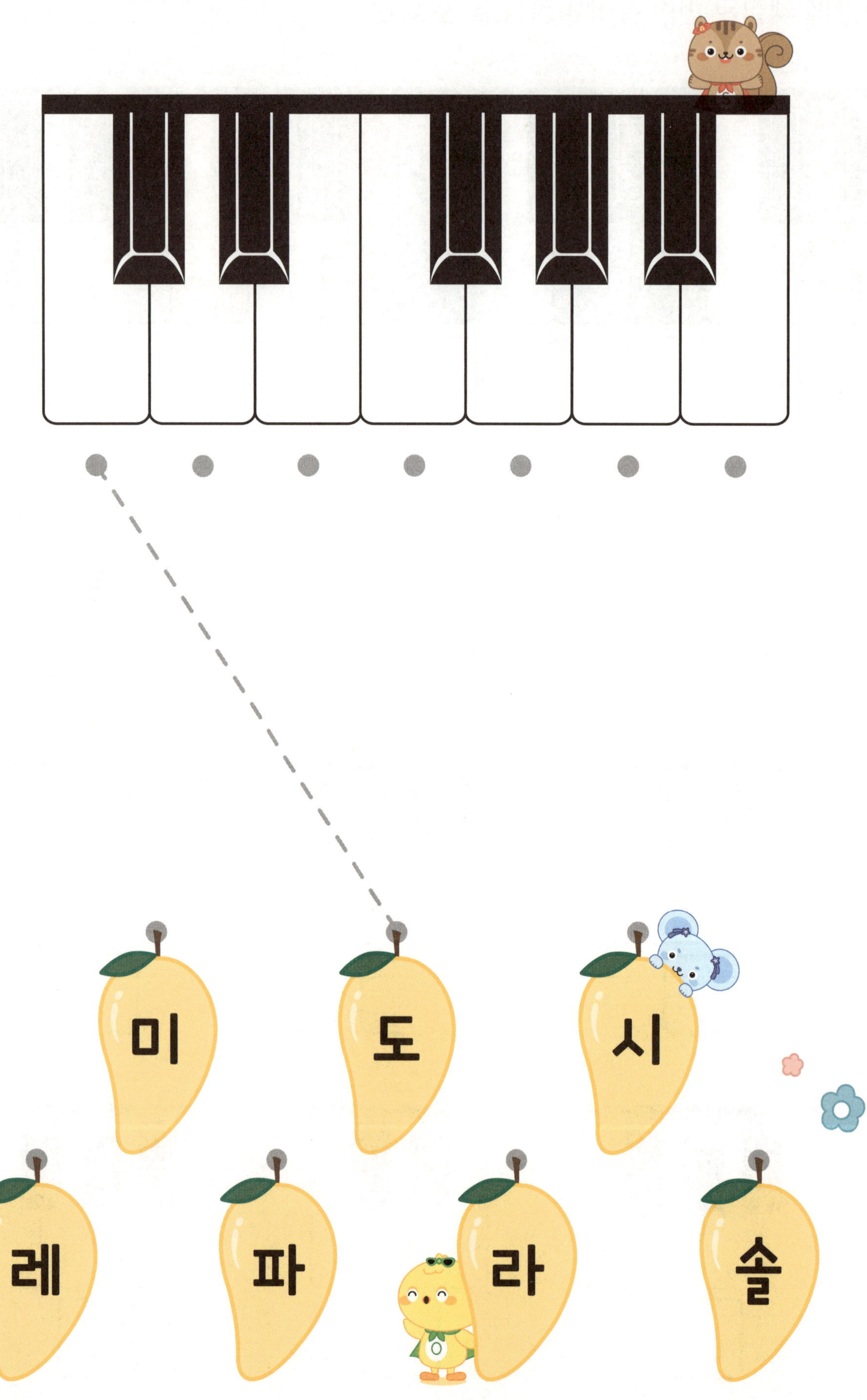
미
도
시
레
파
라
솔

코코넛 나무에 건반과 알맞은 계이름 스티커를 붙여 보세요.

알맞게 짝 지어진 것은 O, 틀린 것은 X 해 보세요.

도
솔
미
라
파

출발
도착

1 '도' 건반은 무엇일까요? (   )

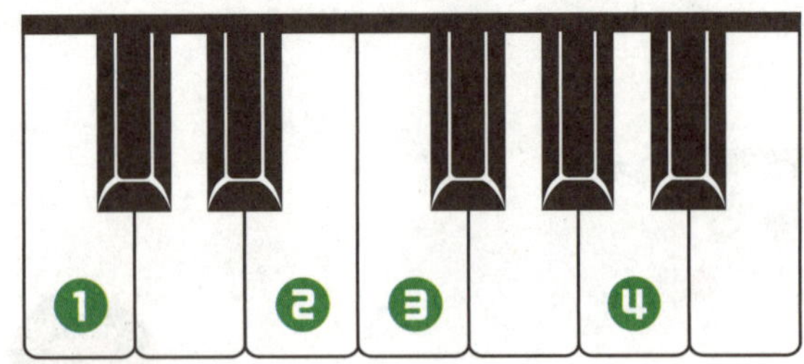

2 계이름이 바른 것은 무엇일까요? (   )

3 '미'는 무엇일까요? (   )

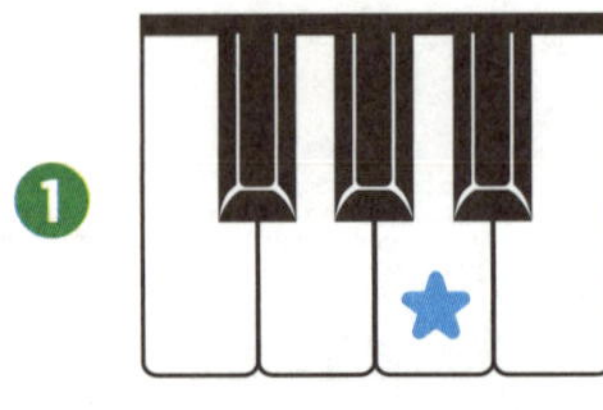

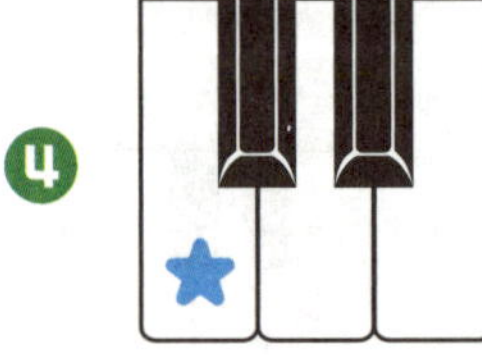

4 오른손은 어느 것일까요? (   )

5 **검은 건반**은 무엇일까요? (   )

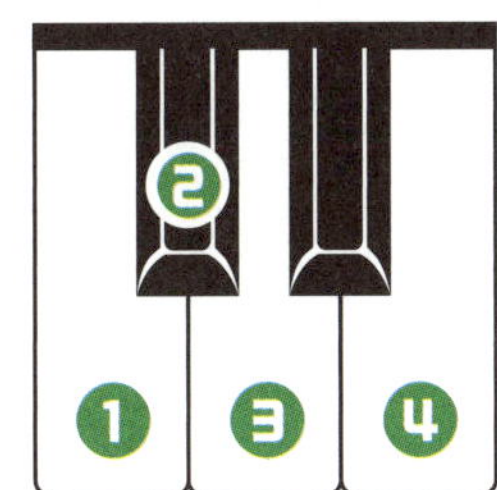

6 오른손 **4번 손가락**은 무엇일까요? (   )

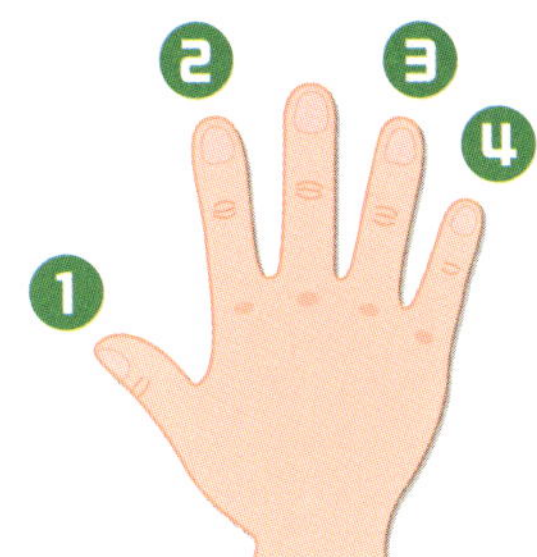

7 **색칠**된 건반의 **계이름**은 무엇일까요? (   )

❶ 파   ❷ 솔

❸ 라   ❹ 시

8 ★에 들어갈 **계이름**으로 알맞은 것은 무엇일까요? (   )

❶ 라   ❷ 도

❸ 미   ❹ 레

⭐ 1 **흰 건반**은 무엇일까요? (   )

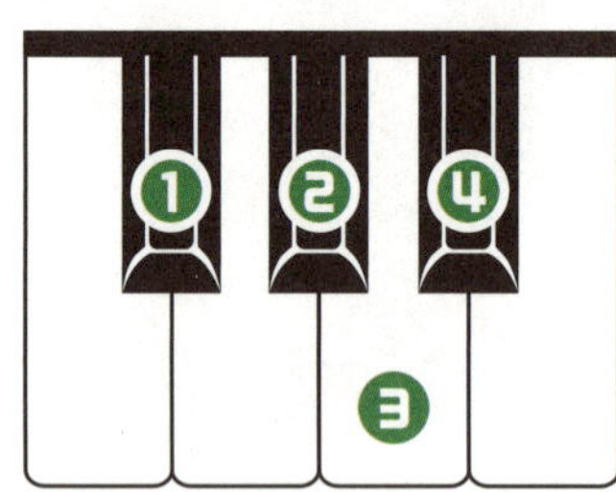

⭐ 2 **색칠**된 건반의 **계이름**은 무엇일까요? (   )

❶ 솔　❷ 파

❸ 미　❹ 라

⭐ 3 **왼손 1번 손가락**은 무엇일까요? (   )

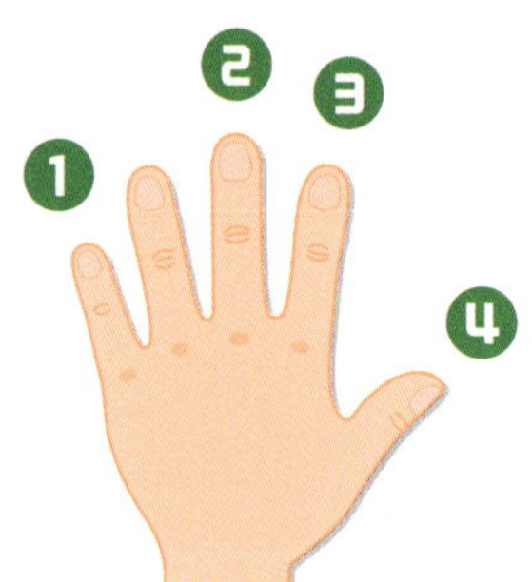

⭐ 4 **빈칸**에 들어갈 **단어**로 알맞은 것은 무엇일까요? (   )

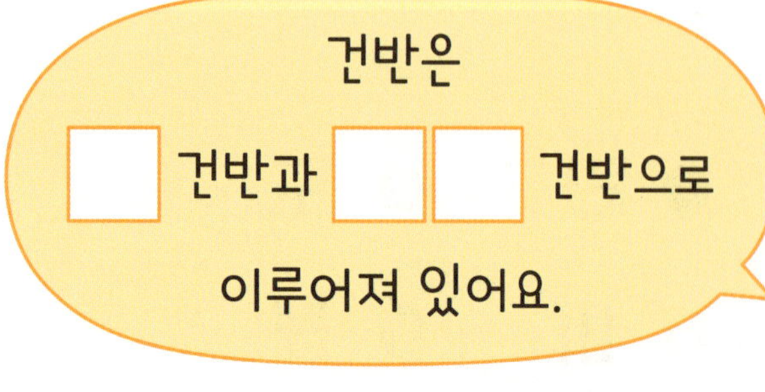

❶ 큰, 작은　❷ 흰, 검은

❸ 긴, 짧은　❹ 센, 여린

5 **왼손**은 무엇일까요? (   )

 ❶  ❷  ❸  ❹

6 '**파**' 건반은 무엇일까요? (   )

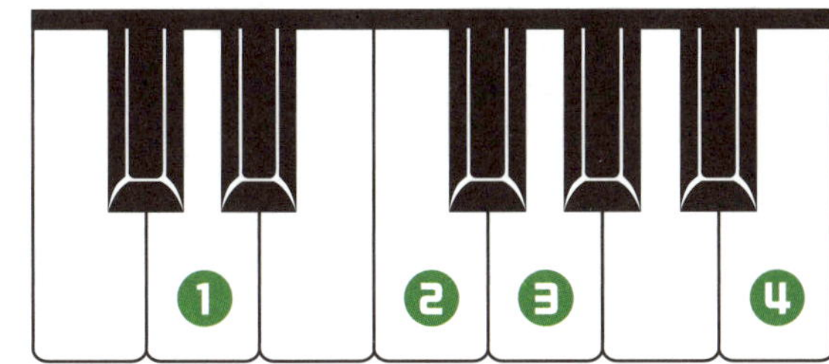

7 **계이름**이 바르지 <u>않은</u> 것은 무엇일까요? (   )

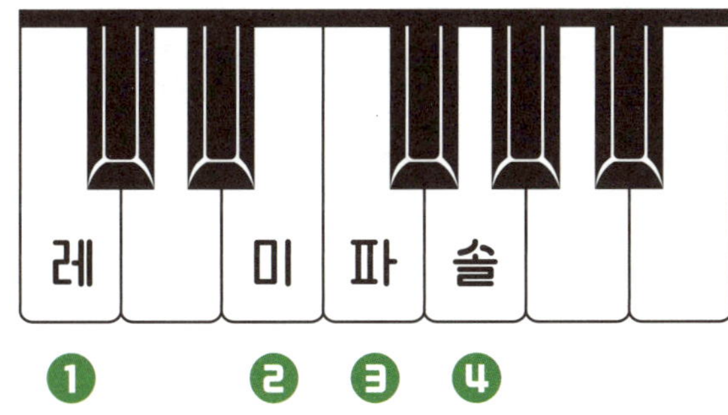

8 ★에 들어갈 **계이름**으로 알맞은 것은 무엇일까요? (   )

❶ 시   ❷ 파

❸ 도   ❹ 솔

1 계이름이 바른 것은 무엇일까요? (   )

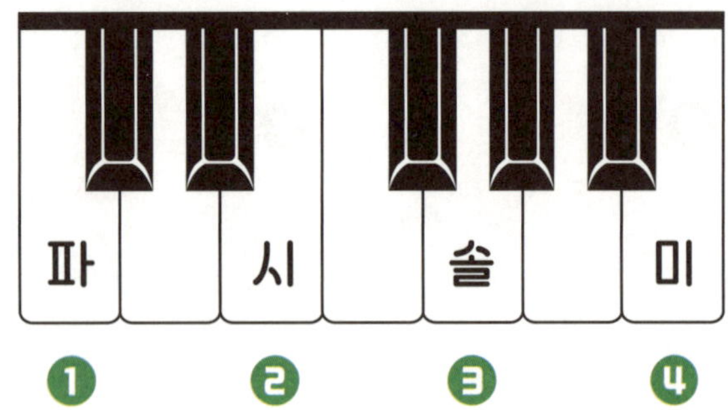

2 오른손 5번 손가락은 무엇일까요? (   )

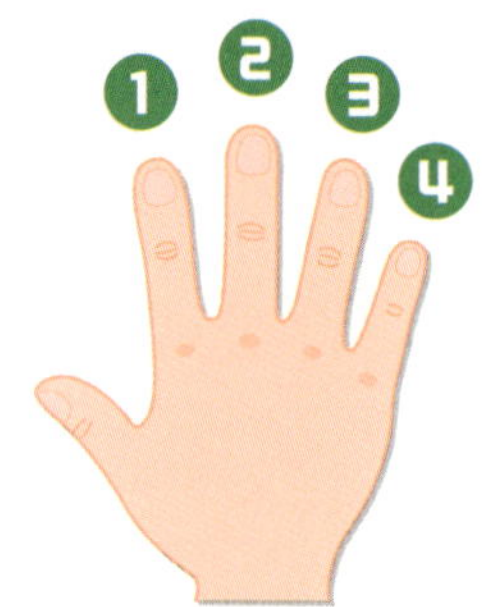

3 색칠된 건반의 계이름은 무엇일까요? (   )

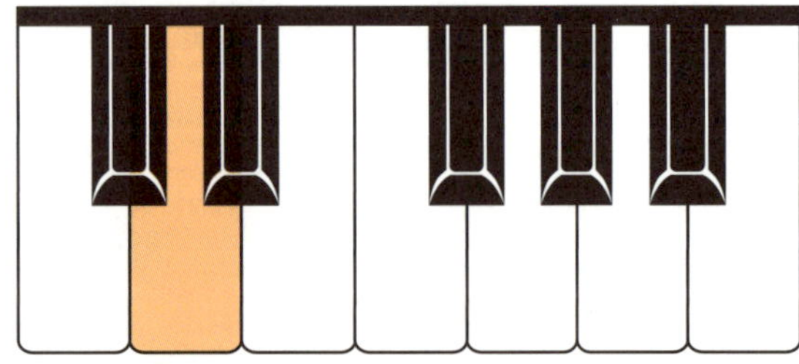

❶ 레   ❷ 미

❸ 파   ❹ 솔

4 ★에 들어갈 계이름으로 알맞은 것은 무엇일까요? (   )

❶ 도   ❷ 미

❸ 솔   ❹ 라

5 '도'는 무엇일까요? ( )

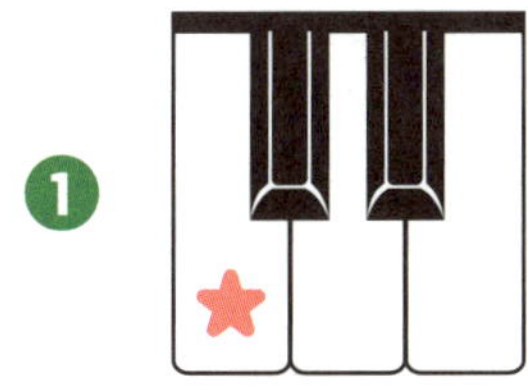 ❶

 ❷

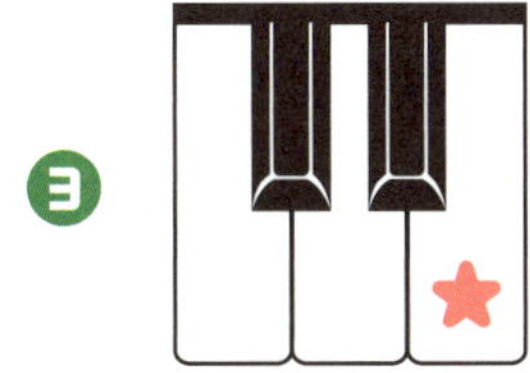 ❸

 ❹

6 다음 보기에서 검은 건반은 모두 몇 개일까요? ( )

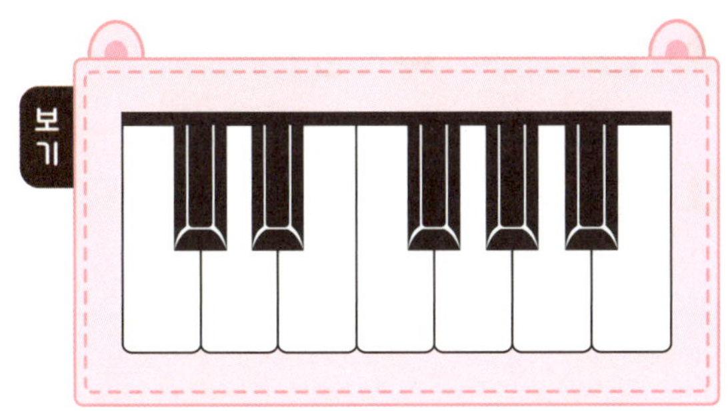

❶ 1개 ❷ 3개

❸ 5개 ❹ 7개

7 계이름이 바르지 않은 것은 무엇일까요? ( )

 ❶

 ❷

 ❸

 ❹

8 '미' 건반은 무엇일까요? ( )

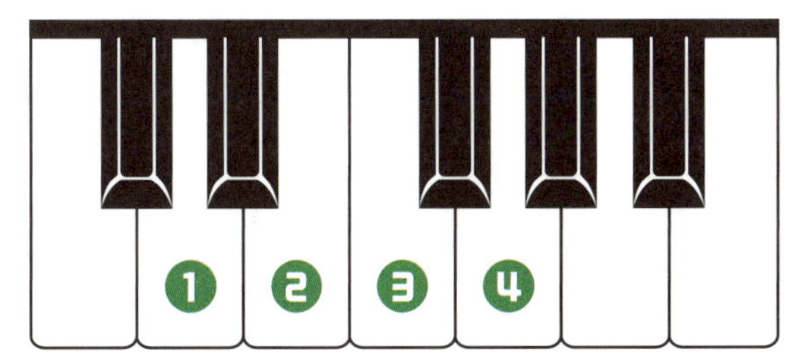

⭐ 1 '**라**' 건반은 무엇일까요? (　　　)

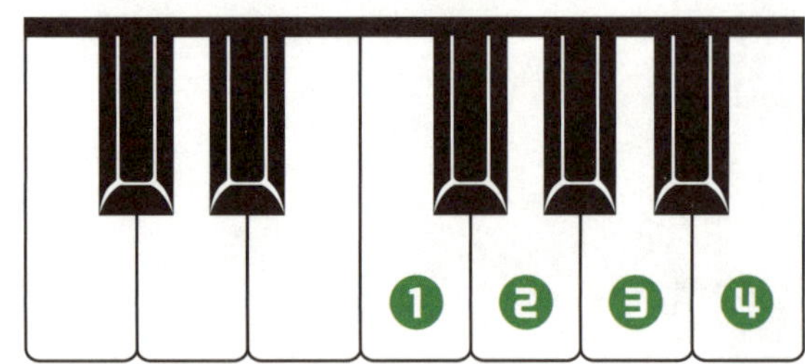

⭐ 2 **색칠**된 건반의 **계이름**은 무엇일까요? (　　　)

❶ 미　　❷ 파

❸ 솔　　❹ 라

⭐ 3 왼손 **4번 손가락**은 무엇일까요? (　　　)

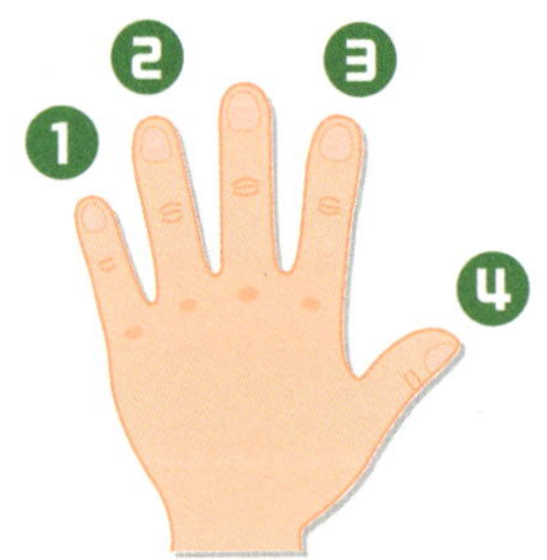

⭐ 4 ★에 들어갈 **계이름**으로 알맞은 것은 무엇일까요? (　　　)

❶ 도　　❷ 레

❸ 미　　❹ 파

5 다음 보기 에서 흰 건반은 모두 몇 개일까요? ( )

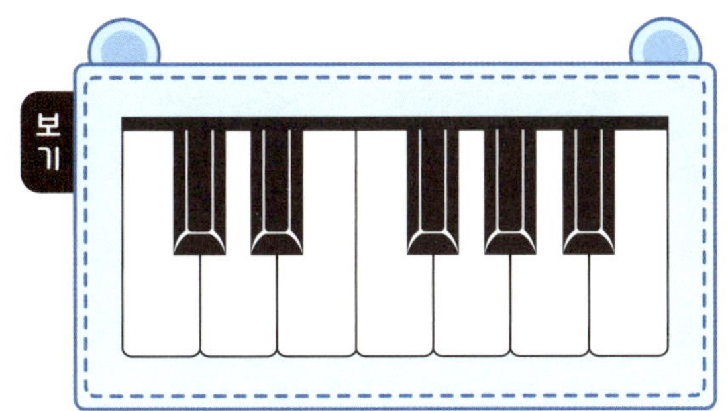

❶ 7개 ❷ 8개
❸ 9개 ❹ 10개

6 계이름이 바르게 짝 지어진 것은 무엇일까요? ( )

7 빈칸에 들어갈 숫자로 알맞은 것은 무엇일까요? ( )

❶ 1, 2 ❷ 2, 2
❸ 2, 3 ❹ 3, 3

8 계이름이 바르지 않은 것은 무엇일까요? ( )

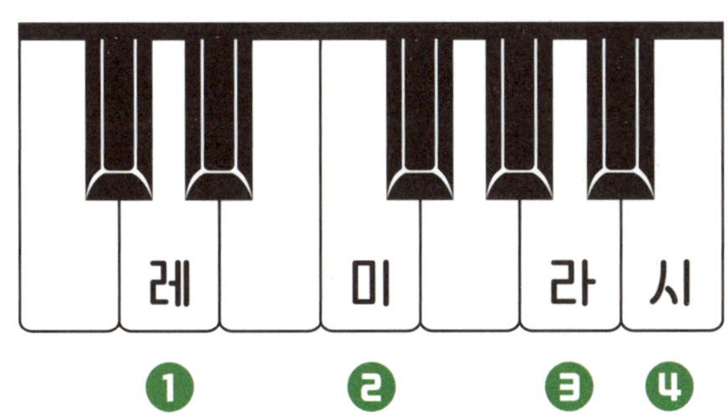

1 왼손 3번 손가락은 무엇일까요? (   )

2 계이름이 바른 것은 무엇일까요? (   )

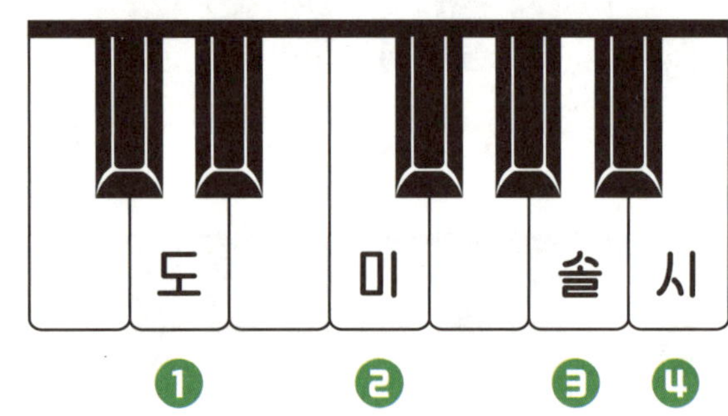

3 ★, ♥에 들어갈 계이름으로 알맞은 것은 무엇일까요? (   )

① ★ 도, ♥ 미
② ★ 레, ♥ 파
③ ★ 미, ♥ 파
④ ★ 파, ♥ 솔

4 색칠된 건반의 계이름은 무엇일까요? (   )

① ● 도, ● 미
② ● 도, ● 파
③ ● 도, ● 솔
④ ● 도, ● 라

 **5** '시' 건반은 무엇일까요? (   )

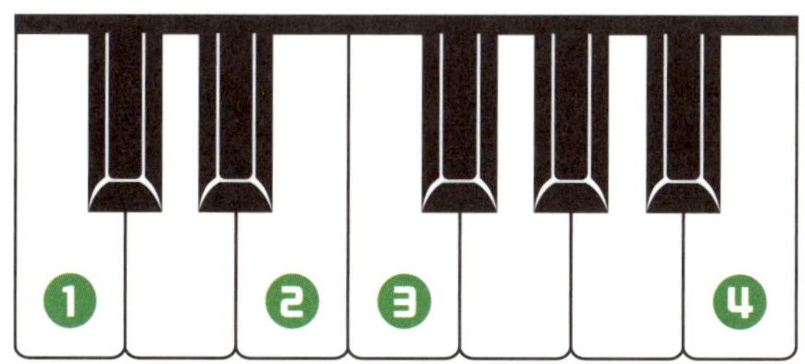

 **6** 검은 건반은 무엇일까요? (   )

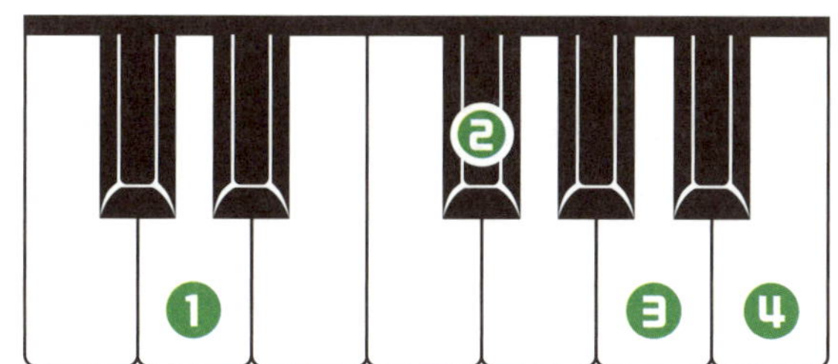

 **7** 빈칸에 들어갈 계이름으로 알맞은 것은 무엇일까요? (   )

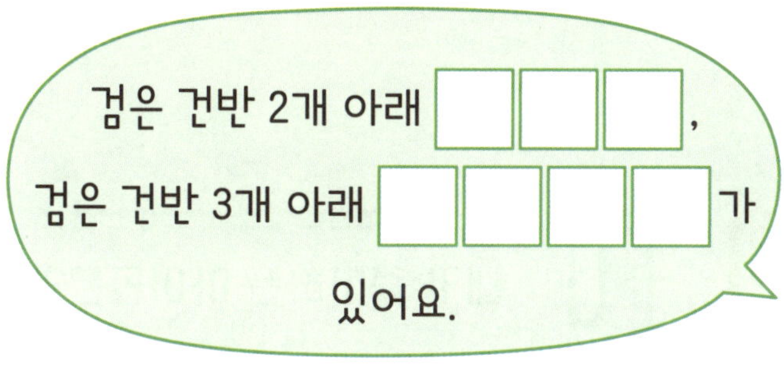

❶ 레미콘, 포크레인
❷ 무지개, 크레파스
❸ 도레미, 파솔라시
❹ 도라지, 파인애플

 **8** '솔' 건반은 무엇일까요? (   )

❶ 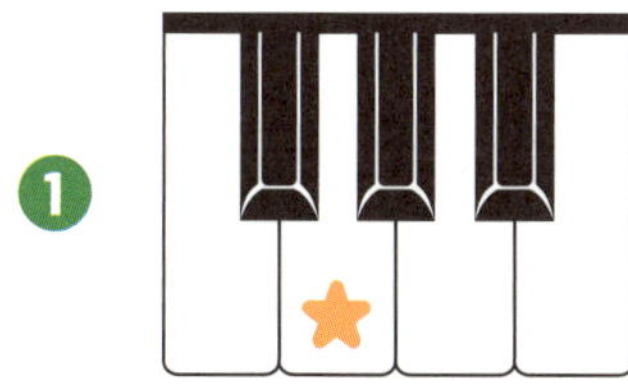   ❷ 

❸    ❹ 

🔔 나의 모습을 그리고, 나를 소개해 보세요.

미로찾기

미로를 탈출해 보세요.

오선

점선을 따라 아래부터 오선을 그려 보세요.

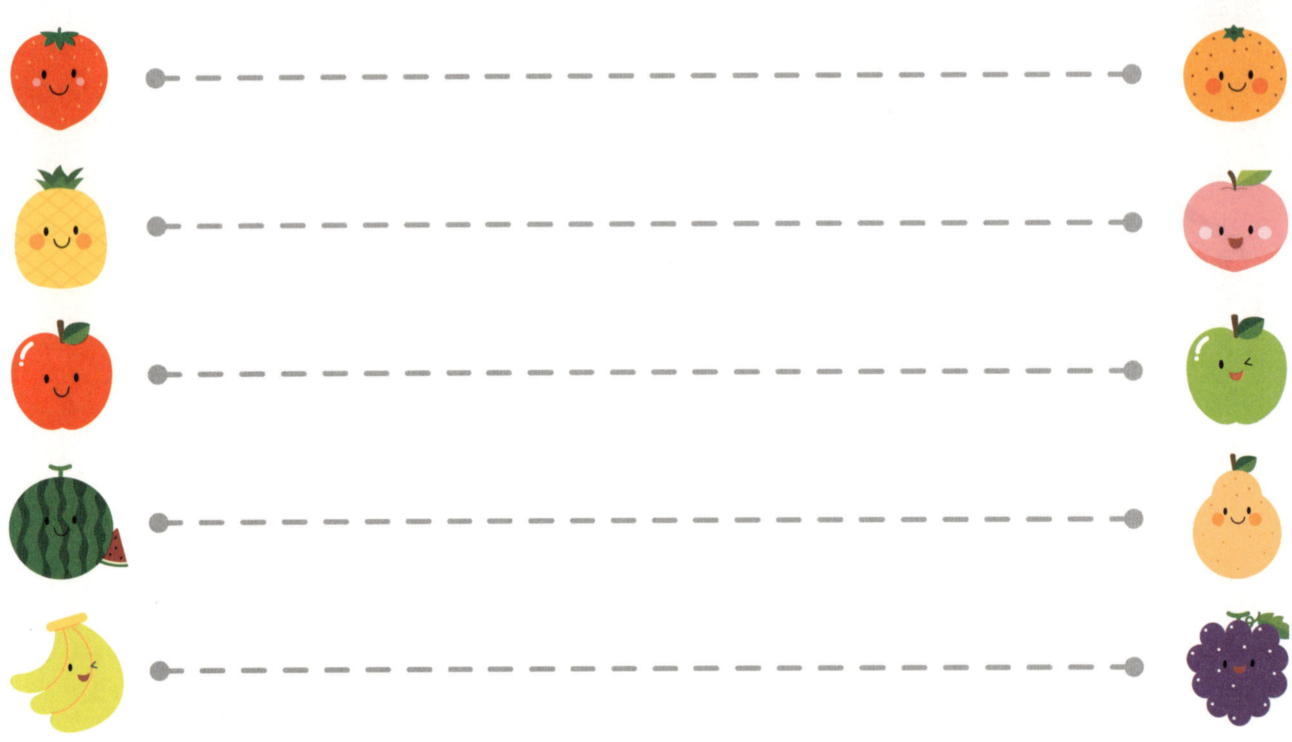

점선을 따라 아래부터 오선을 그리고, 빈칸에 숫자도 따라 써 보세요.

줄과 칸

🔔 오선의 줄에 '줄'을 써 보세요.

🔔 오선의 칸에 '칸'을 써 보세요.

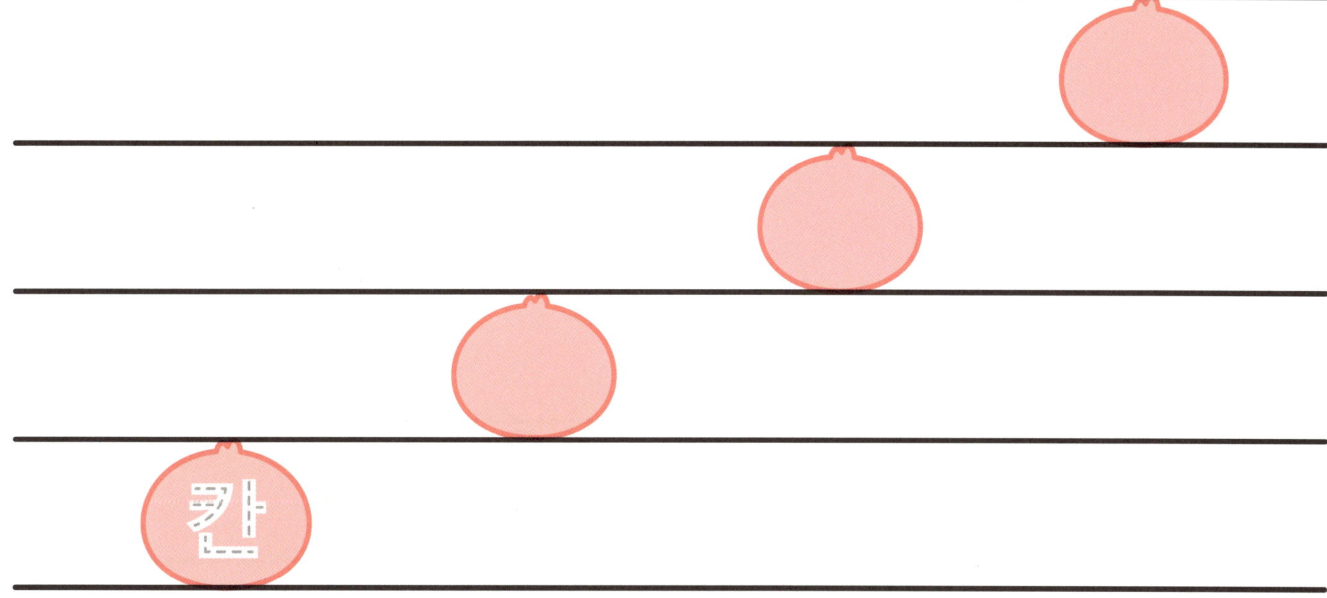

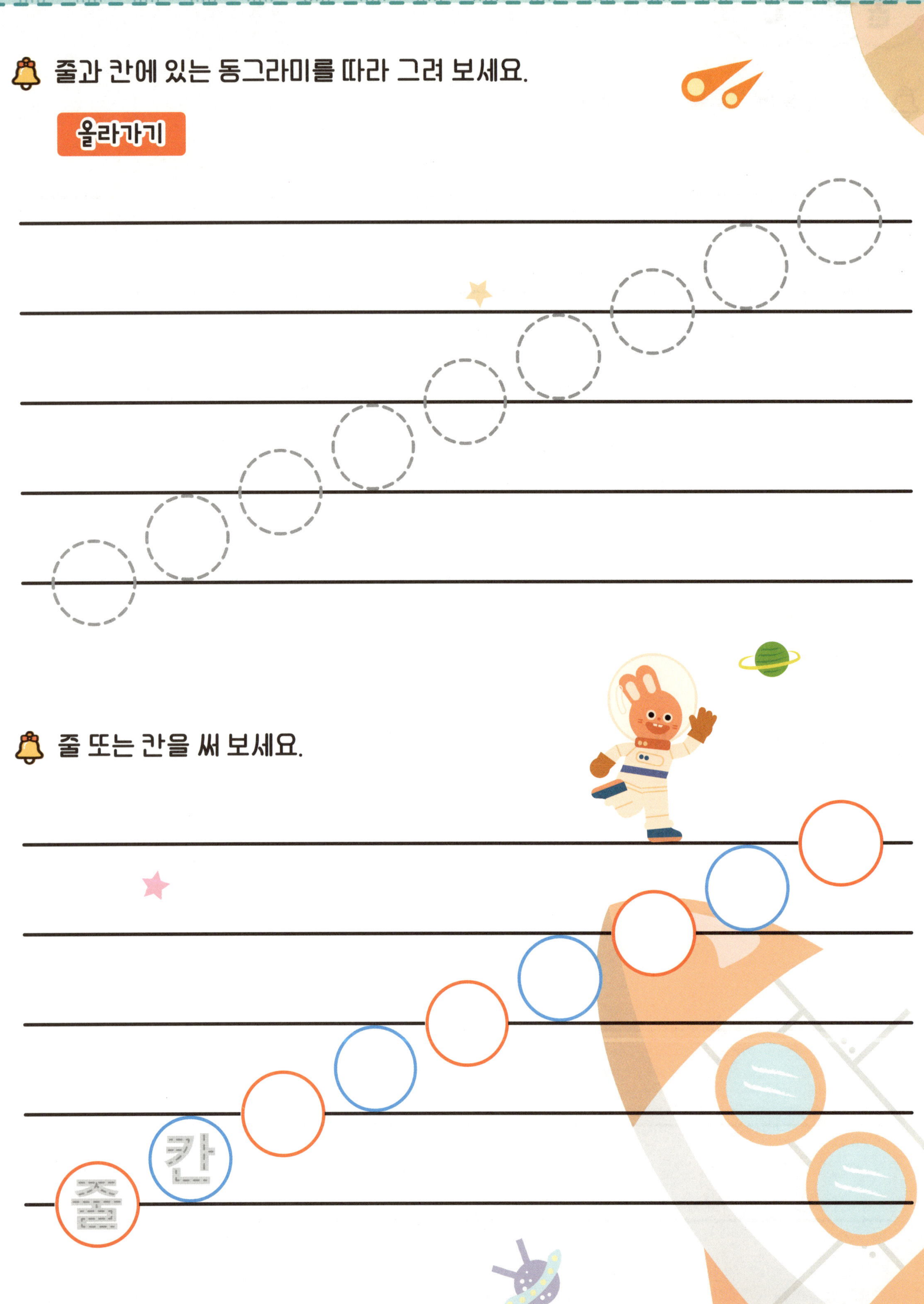

🔔 줄과 칸에 있는 동그라미를 따라 그려 보세요.

올라가기

🔔 줄 또는 칸을 써 보세요.

 SOS 음악이론

🔔 줄과 칸에 있는 동그라미를 따라 그려 보세요.

🔔 줄 또는 칸을 써 보세요.

줄과 칸의 이름

악보를 그리기 위하여 가로로 그린
다섯 개의 줄을 **오선**이라고 해요.
오선은 **5개의 줄**과 **4개의 칸**으로 되어 있어요.

🔔 점선을 따라 숫자를 쓰고, 오선을 따라 그려 보세요.

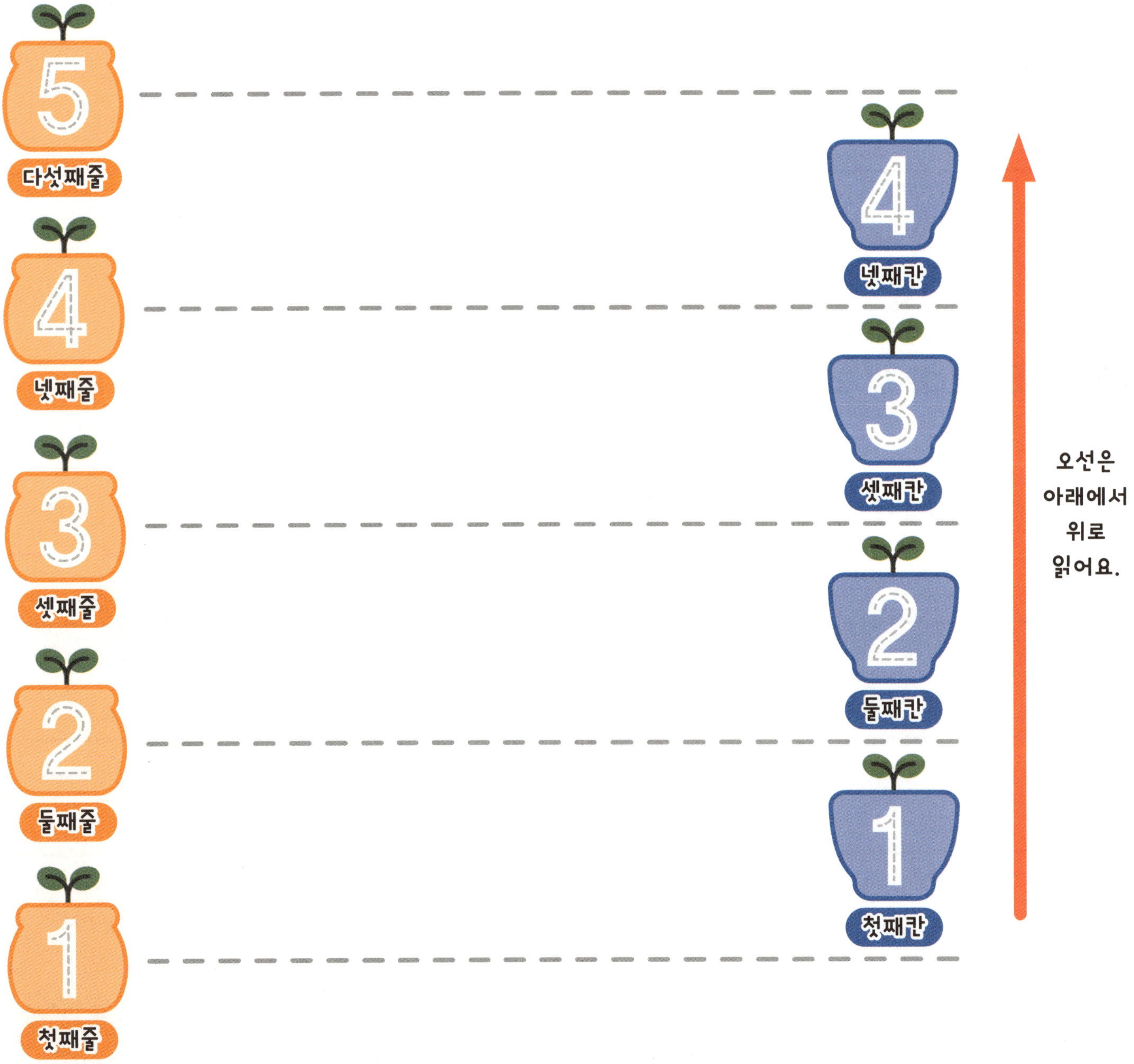

🔔 주어진 줄과 칸에 스티커를 붙여 보세요.

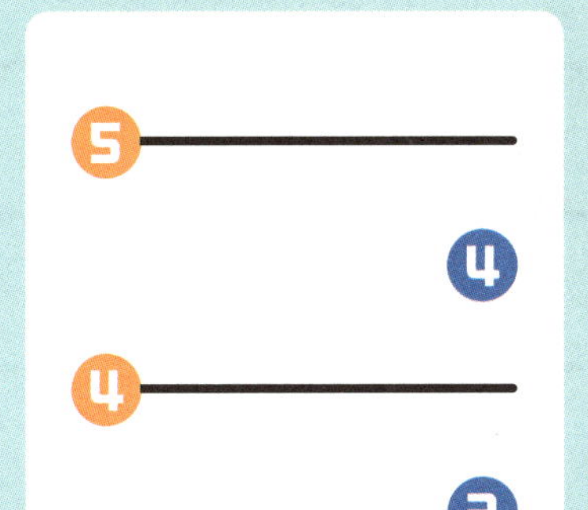

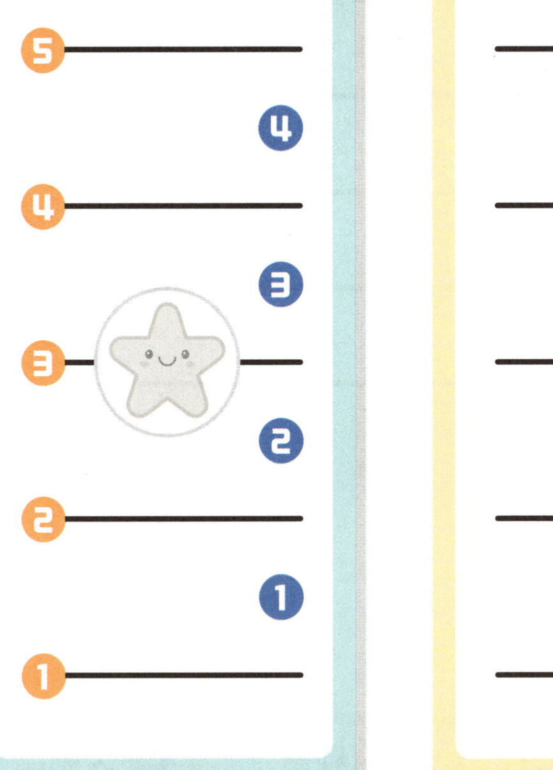

3 셋째줄

5 다섯째줄

1 첫째칸

4 넷째칸

3 셋째칸

2 둘째줄

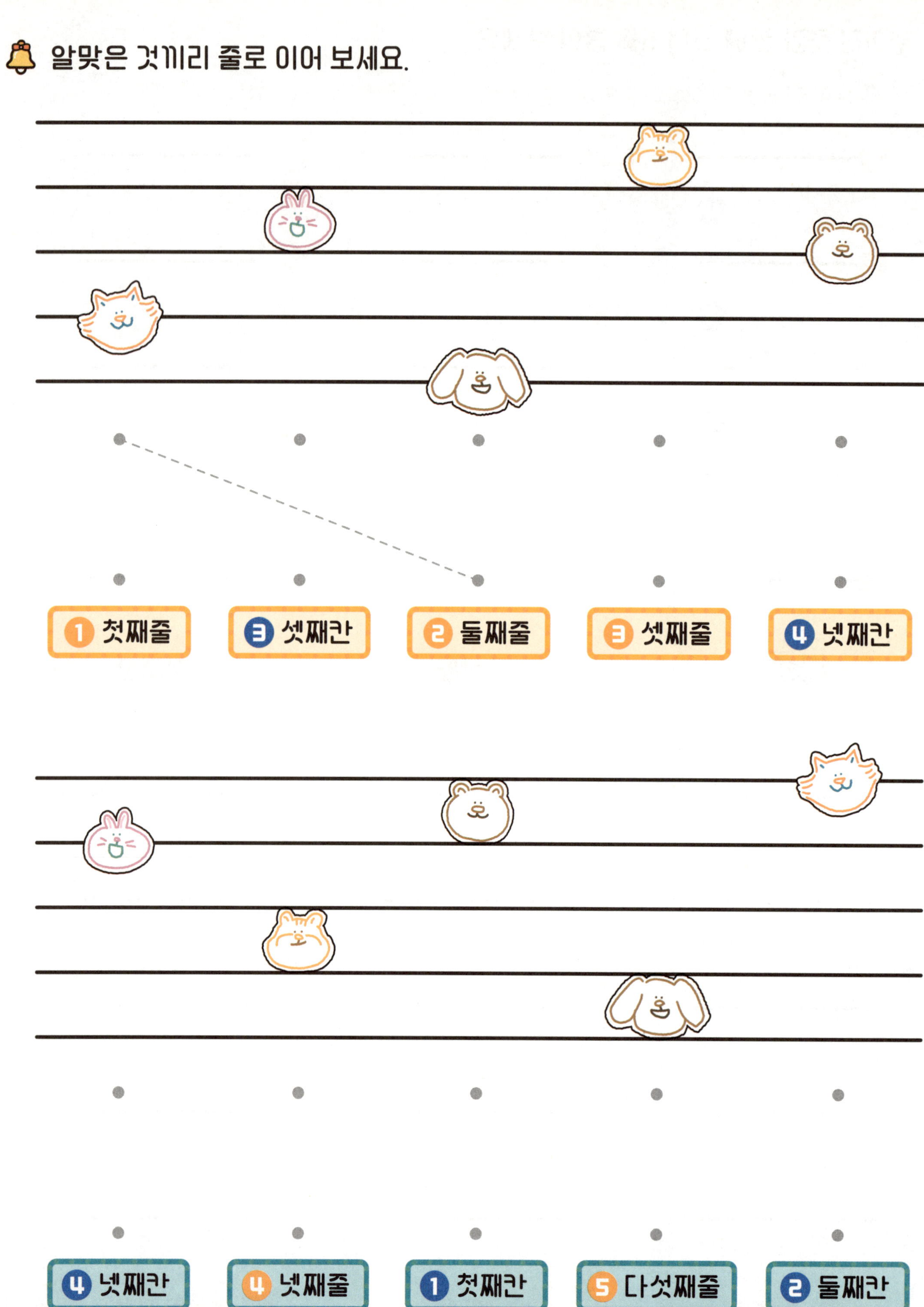
① 첫째줄
❸ 셋째칸
② 둘째줄
❸ 셋째줄
❹ 넷째칸
❹ 넷째칸
❹ 넷째줄
① 첫째칸
❺ 다섯째줄
② 둘째칸

🔔 줄과 칸의 이름이 알맞은 것을 모두 찾아 O 해 보세요(4개).

3 셋째줄

4 넷째칸

1 첫째줄

4 넷째줄

2 둘째줄

3 셋째칸

2 둘째칸

5 다섯째줄

1 첫째칸

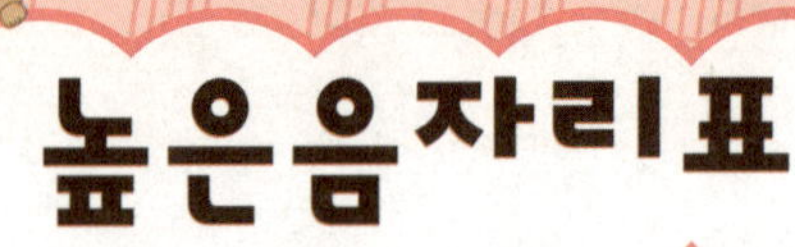

높은음자리표

 오선에 높은음자리표를 따라 그려 보세요.

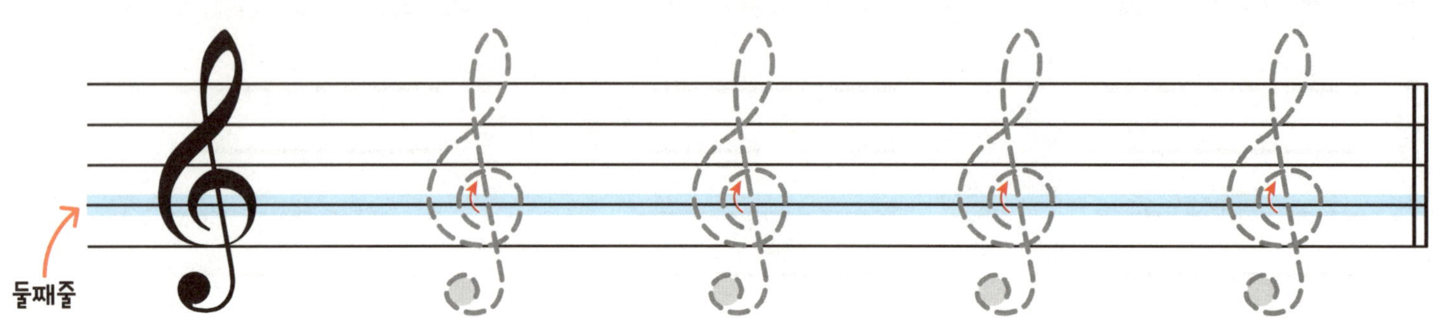

🔔 높은음자리표에 대한 설명으로 알맞은 것을 모두 찾아 색칠해 보세요.

높은 음을 그릴 때 사용

높은음자리표를 그릴 때 오선 넷째줄에서 시작해요.

높은음자리표를 그릴 때 오선 둘째줄에서 시작해요.

🔔 숨어있는 높은음자리표를 모두 찾아 O 하고, 높은음자리표의 개수를 써 보세요.

개

🔔 오선에 낮은음자리표를 따라 그려 보세요.

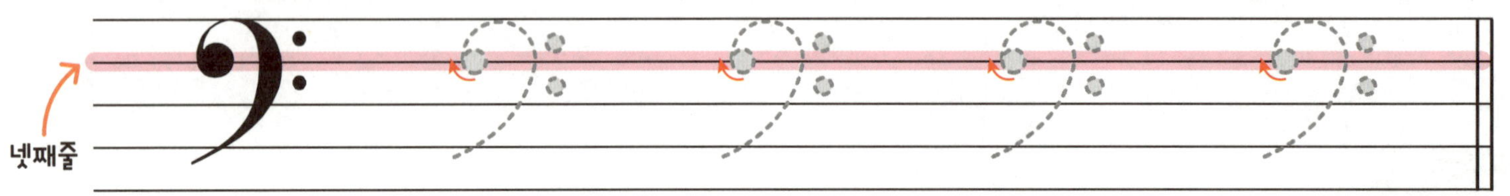

🔔 낮은음자리표에 대한 설명으로 알맞은 것을 모두 찾아 색칠해 보세요.

낮은 음을
그릴 때 사용

낮은음자리표를
그릴 때 오선 둘째줄에서
시작 해요.

낮은음자리표를
그릴 때 오선 넷째줄에서
시작 해요.

낮은음자리표를 따라가 SOS 음악학원에 도착해 보세요.

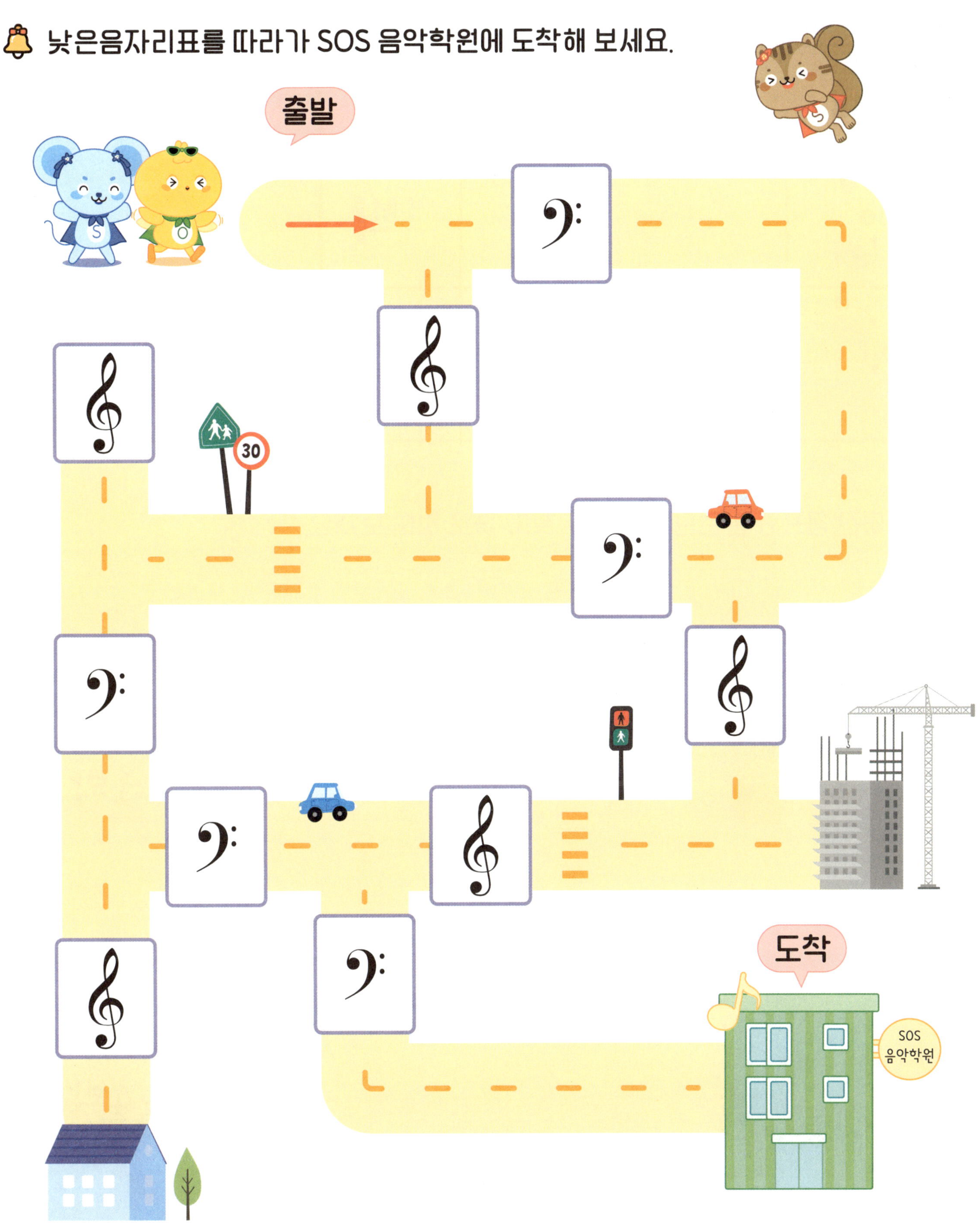

4분음표

🔔 따라 쓰고, 4분음표의 길이만큼 색칠해 보세요.

음표	이름	박 수	길이
② ↓ ①	4분음표	1박	하 나
① ② ↓			하 나

🔔 주어진 음표와 관련된 것을 모두 찾아 줄로 이어 보세요.

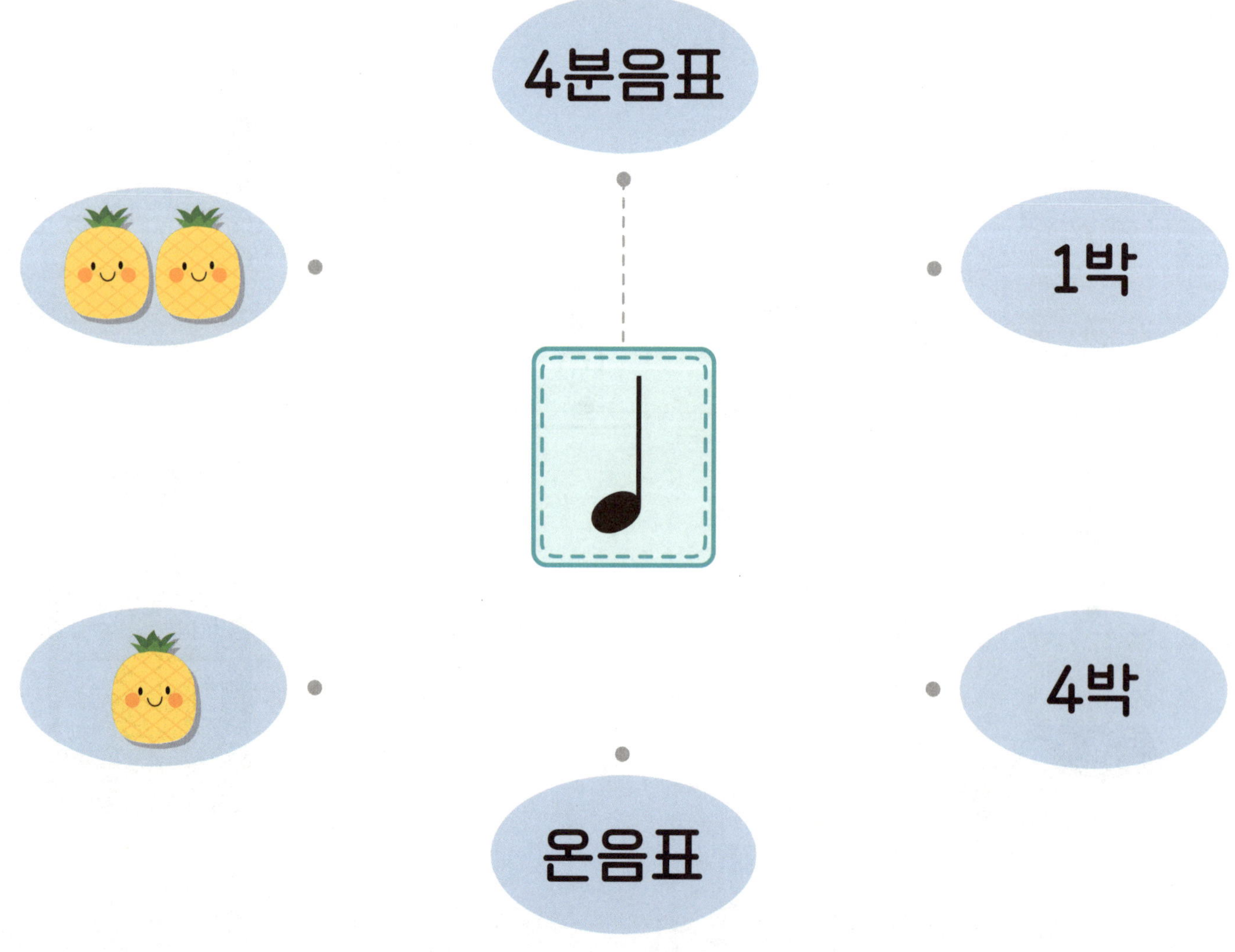

2분음표

🔔 따라 쓰고, 2분음표의 길이만큼 색칠해 보세요.

음표	이름	박 수	길이
	2분음표	2박	하 나 · 두 울
			하 나 · 두 울

🔔 2분음표에 대한 설명으로 맞으면 O, 틀리면 X 해 보세요.

2분음표는 ♩ 이렇게 생겼어.
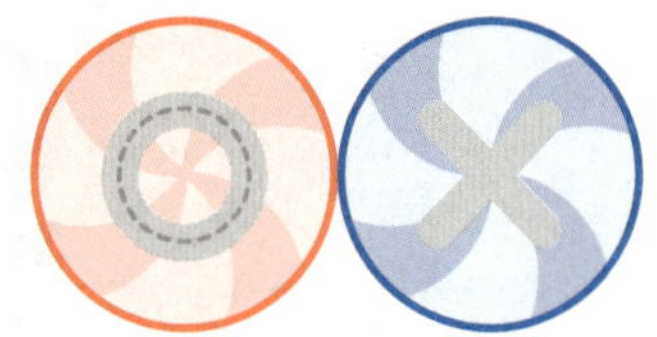

박 수가 2박인 음표는 4분음표야.

2분음표의 박 수는 2박이야.

♩ 이렇게 생긴 음표는 온음표야.

🔔 2분음표가 있는 물약을 색칠하고, 모두 몇 개인지 써 보세요.

개

점2분음표

🔔 따라 쓰고, 점2분음표의 길이만큼 색칠해 보세요.

음표	이름	박 수	길이
	점2분음표	3박	하 나 · 두 울 · 세 엣
			하 나 · 두 울 · 세 엣

🔔 알맞게 짝 지어진 것을 모두 찾아 O 해 보세요.

♩.가 있는 칸을 모두 **O** 하고, 개수를 써 보세요.

개

온음표

🔔 따라 쓰고, 온음표의 길이만큼 색칠해 보세요.

음표	이름	박 수	길이
◯	온음표	4박	하나 두울 세엣 네엣
◯			하나 두울 세엣 네엣

🔔 온음표에 대한 설명으로 알맞은 것을 찾아 ◯ 해 보세요.

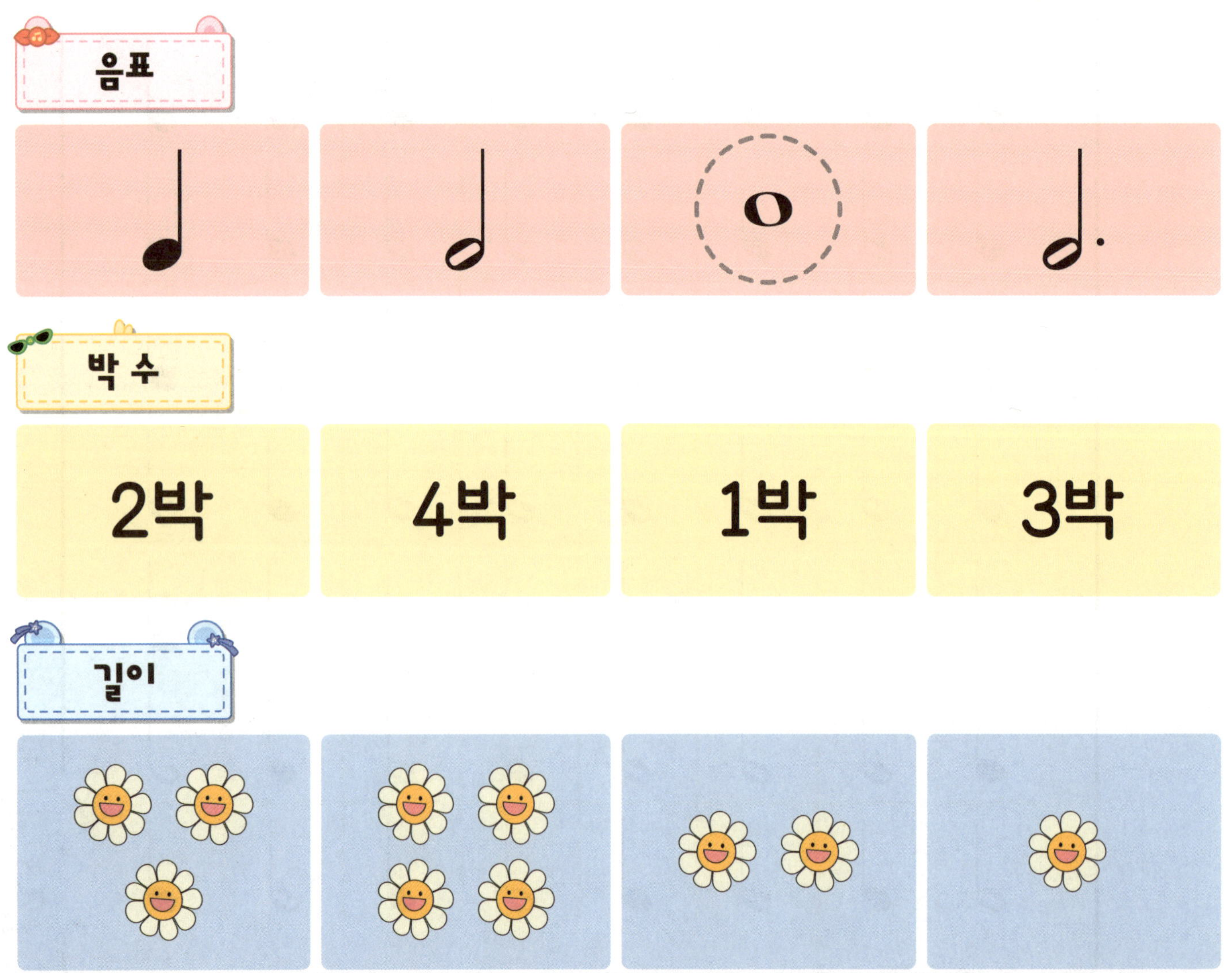

온음표를 따라서 미로를 탈출해 보세요.

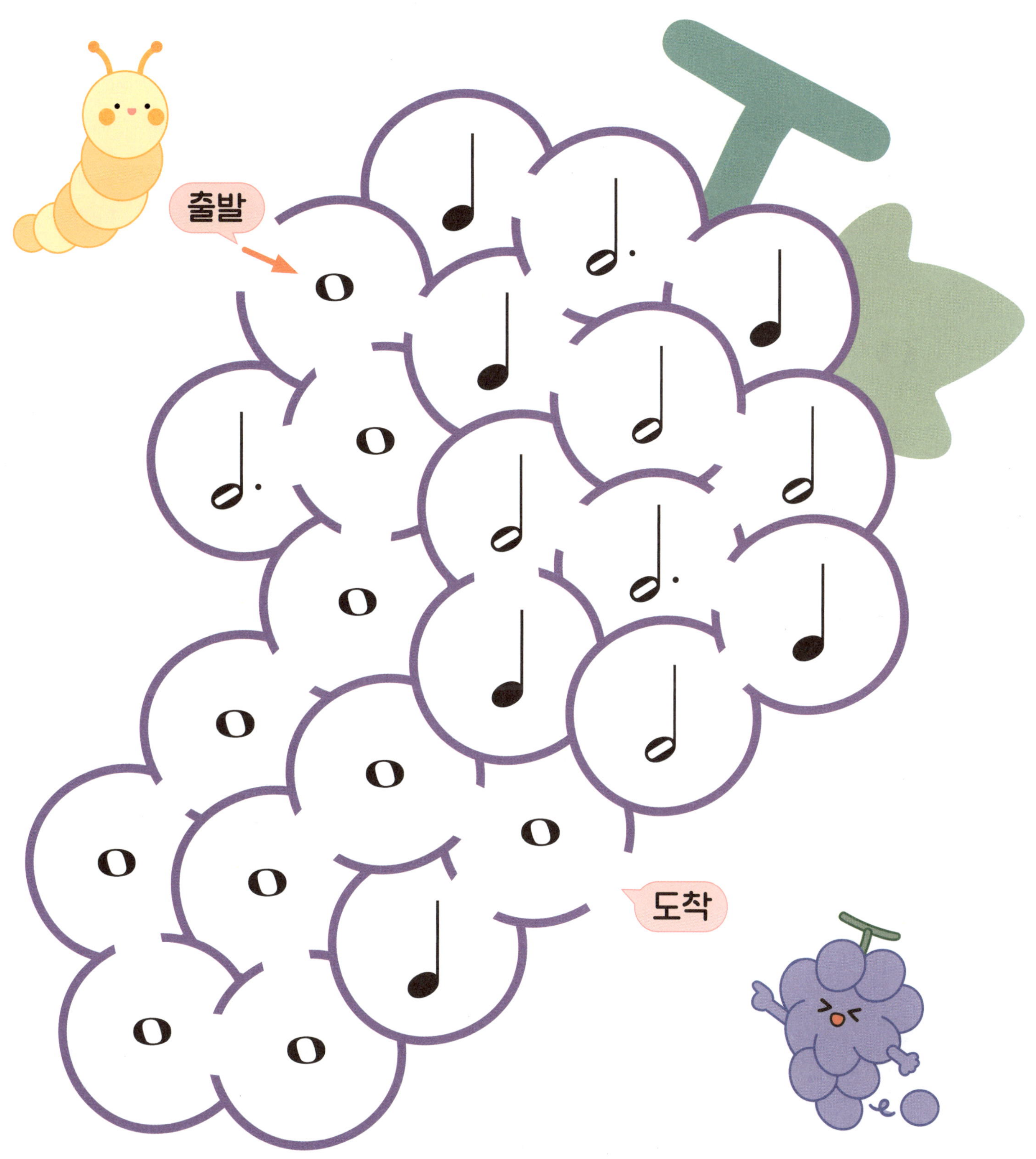
출발
도착

🔔 음표의 박 수에 알맞게 색칠해 보세요.

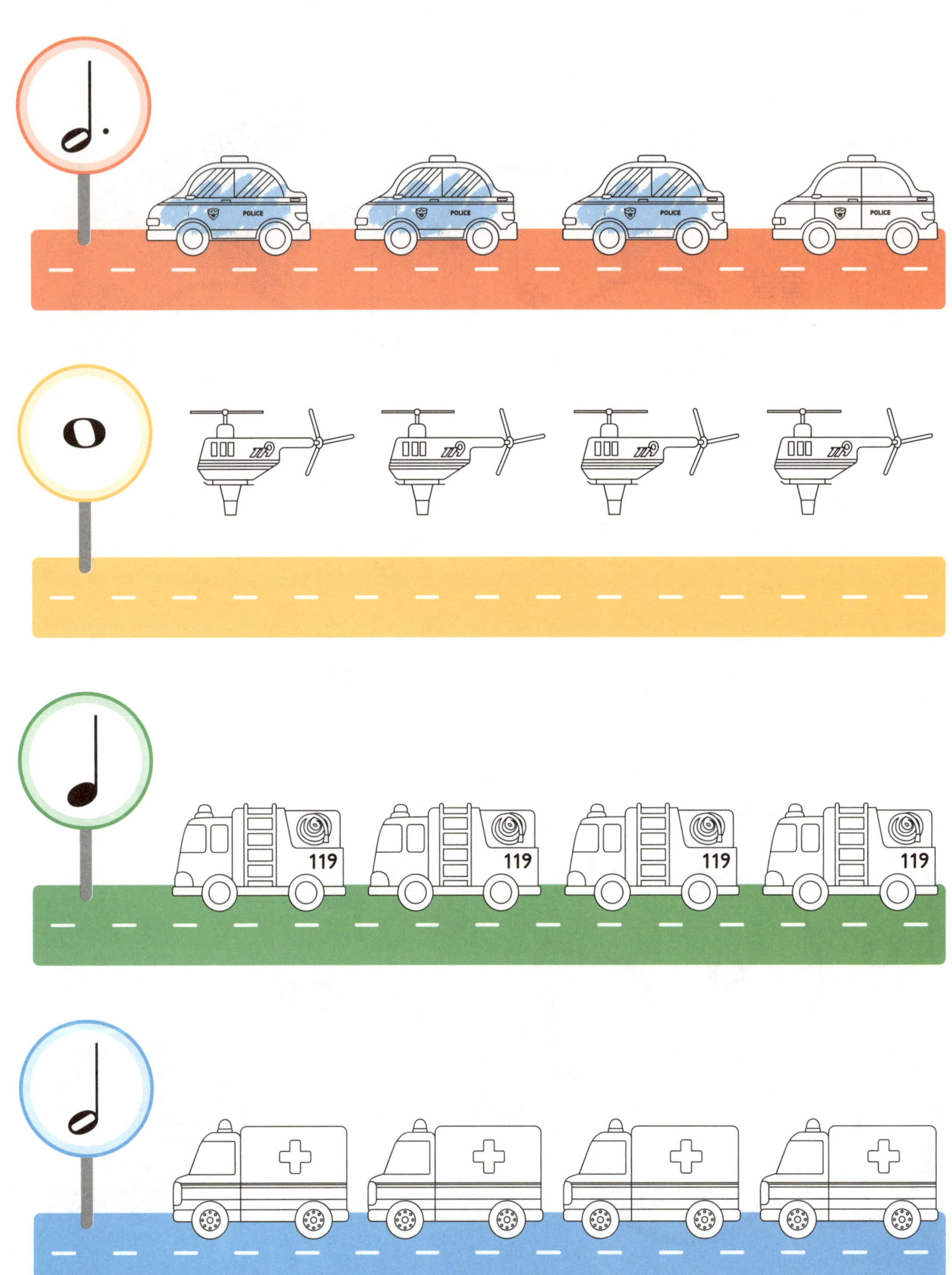

음표의 박 수에 알맞은 음표 스티커를 붙여 보세요.

1박
4분음표
온음표
3박
2박
점2분음표
2분음표
2분음표
1박
3박
점2분음표
온음표
4박
1박

🔔 **보기**에 있는 음표의 이름을 모두 찾아 O 해 보세요.

보기

보	2	분	음	표	트
마	요	글	로	드	점
4	5	온	음	표	2
실	분	바	라	1	분
트	구	음	럼	장	음
림	폰	이	표	앵	표

1 높은음자리표는 무엇일까요? (   )

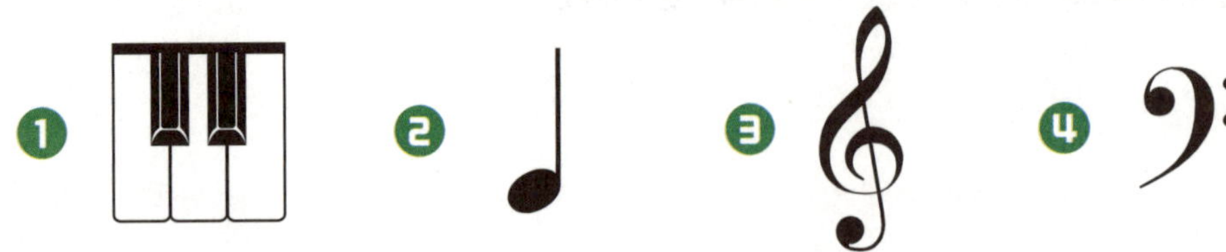

2 보기의 이름은 무엇일까요? (   )

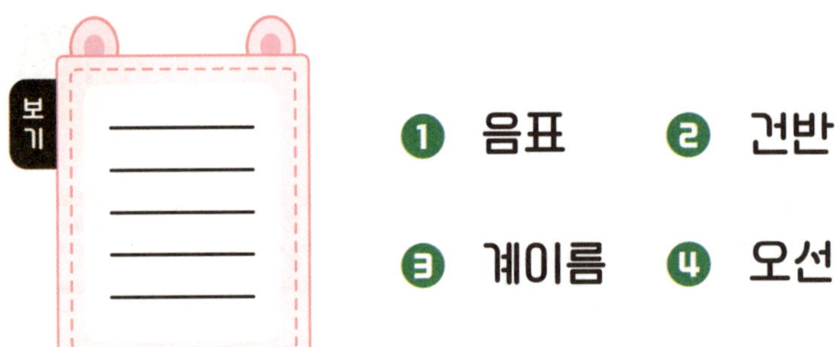

3 계이름이 바르게 짝 지어진 것은 무엇일까요? (   )

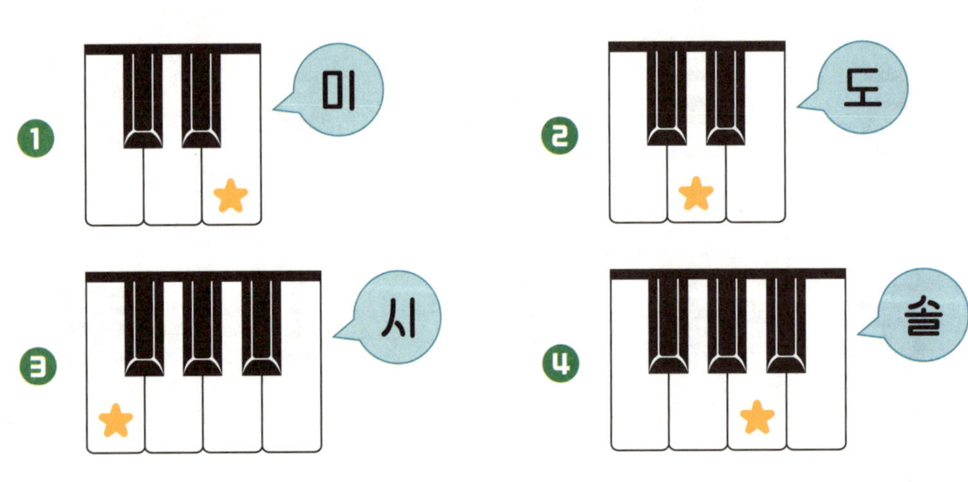

4 4분음표는 무엇일까요? (   )

5 오른손 4번 손가락은 무엇일까요? (   )

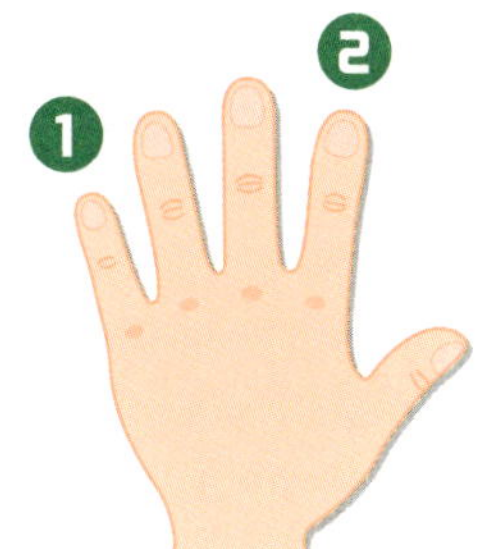
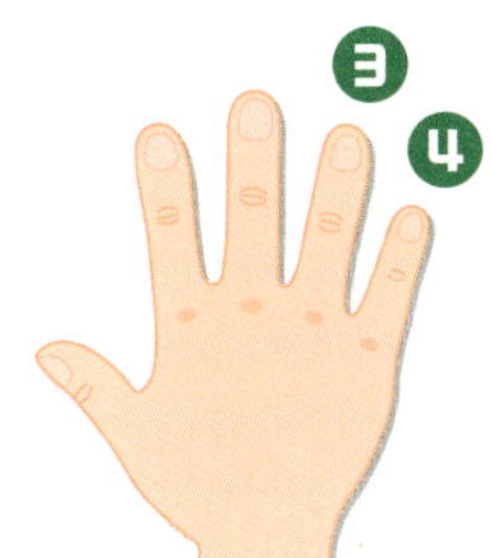

6 높은음자리표가 바른 위치에 그려진 것은 무엇일까요? (   )

7 음표와 박 수가 바르게 짝 지어진 것은 무엇일까요? (   )

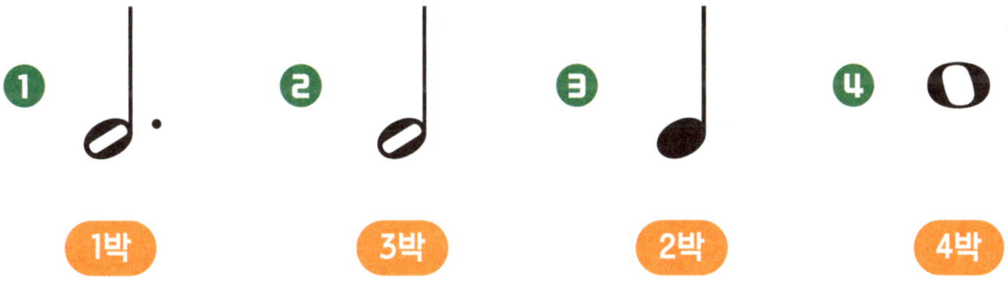

8 오선의 셋째칸은 무엇일까요? (   )

1 

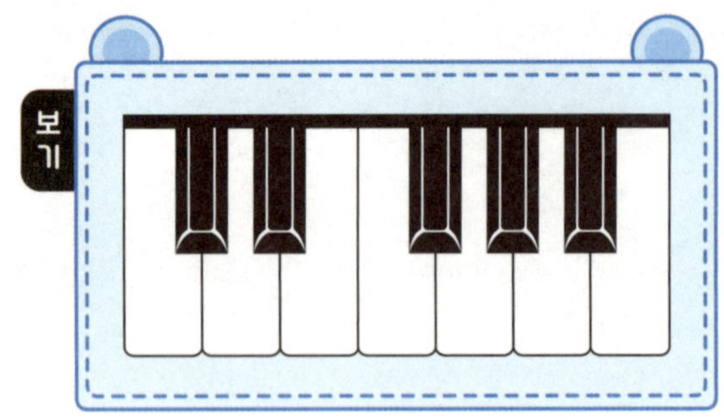

① 음표   ② 건반

③ 계이름   ④ 오선

2 음표와 음표의 이름이 바르게 짝 지어진 것은 무엇일까요? (   )

3 낮은음자리표가 바른 위치에 그려진 것은 무엇일까요? (   )

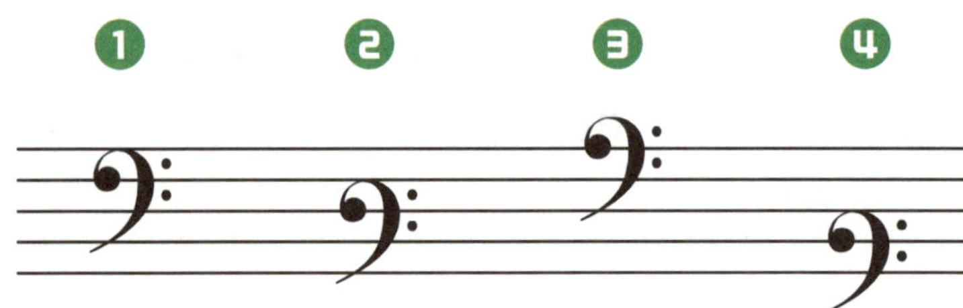

4 줄과 칸의 이름이 바르게 짝 지어진 것은 무엇일까요? (   )

5 계이름이 바르지 <u>않은</u> 것은 무엇일까요? (   )

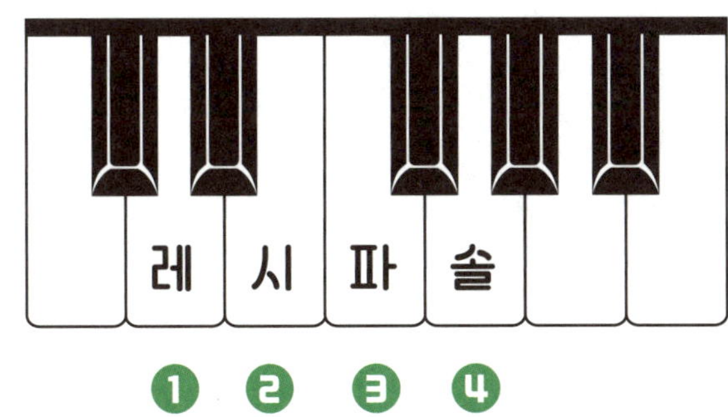

6 낮은음자리표는 무엇일까요? (   )

7 2분음표는 무엇일까요? (   )

8 오선의 첫째칸은 무엇일까요? (   )

1 점2분음표는 무엇일까요? ( )

2 보기 음표의 이름은 무엇일까요? ( )

❶ 점2분음표　**❷** 4분음표

❸ 2분음표　**❹** 온음표

3 빈칸에 들어갈 단어로 알맞은 것은 무엇일까요? ( )

| | | 음 | 자 | 리 | 표 |

❶ 넓은
❷ 좁은
❸ 높은
❹ 낮은

4 오선의 둘째칸은 무엇일까요? ( )

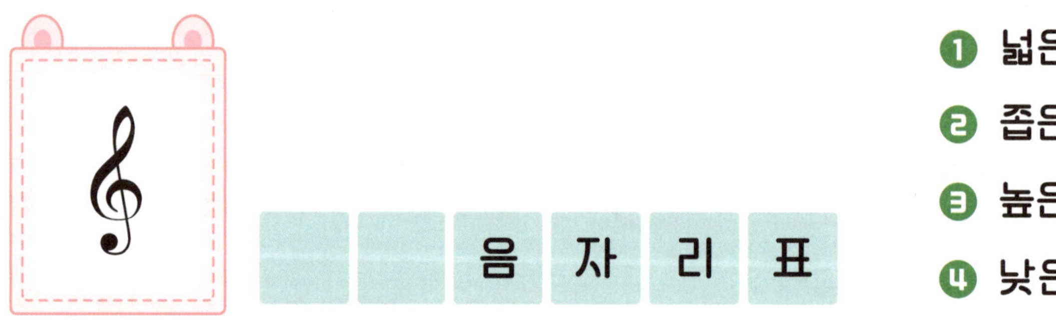

5 칸에 있는 것은 무엇일까요? (　　　)

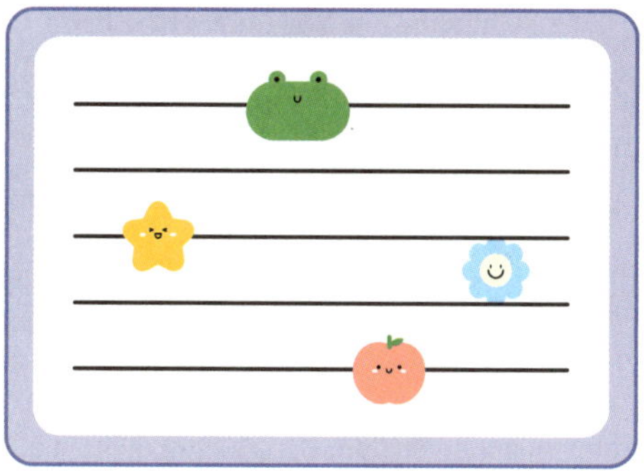

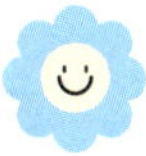

❶ ❷ ❸ ❹

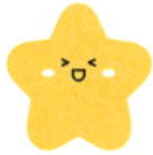

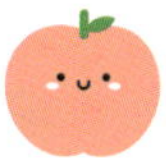

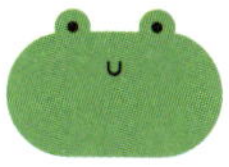

6 계이름이 바르게 짝 지어진 것은 무엇일까요? (　　　)

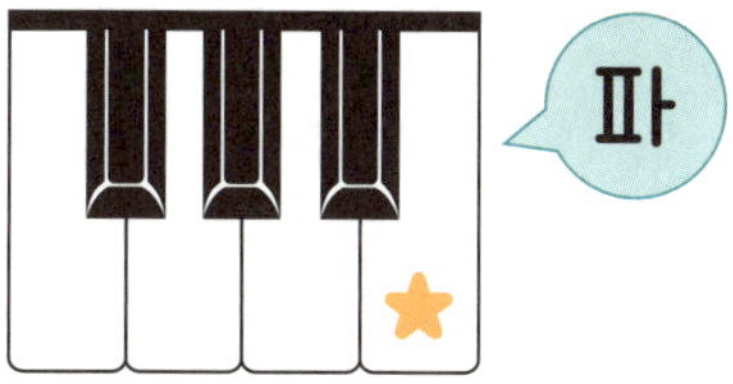

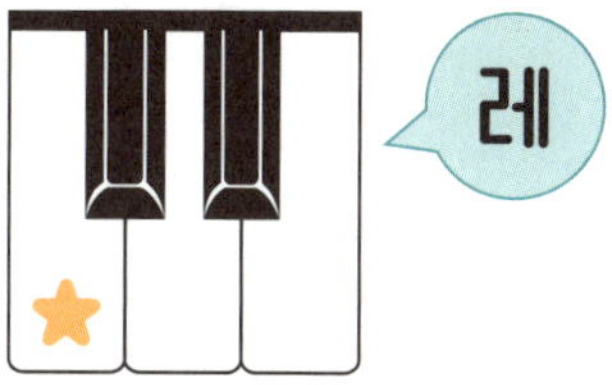

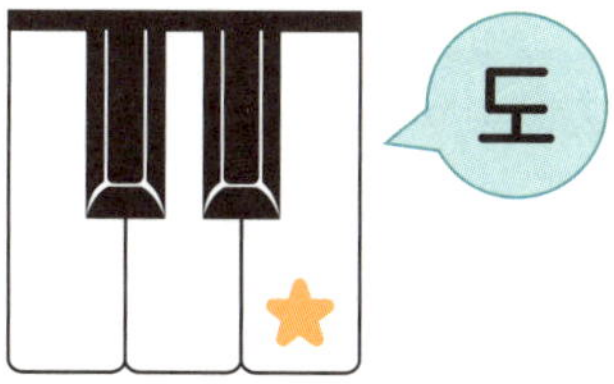

❶ 파
❷ 레
❸ 도
❹ 라

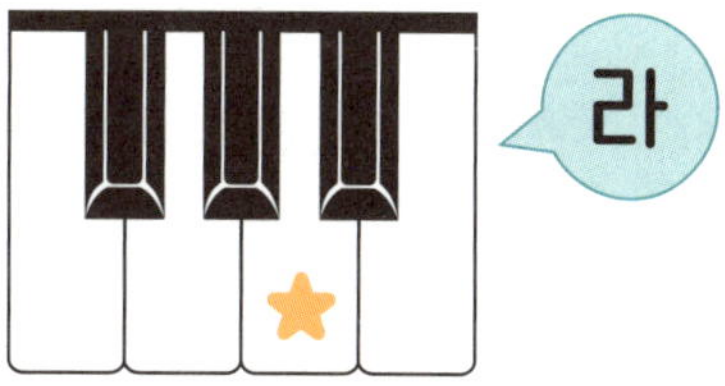

7 오선은 모두 몇 줄일까요? (　　　)

보기

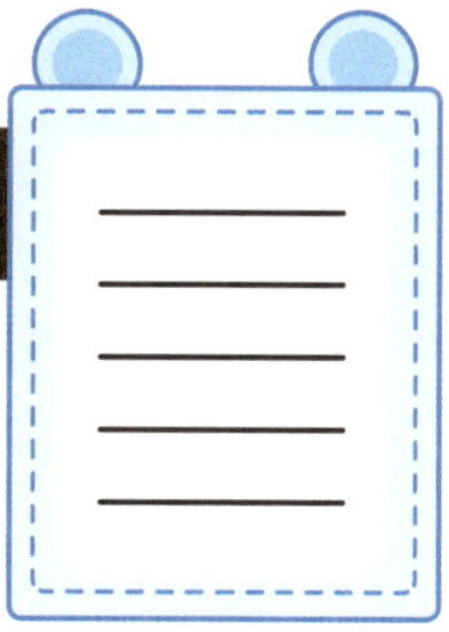

❶ 3줄　❷ 7줄
❸ 5줄　❹ 9줄

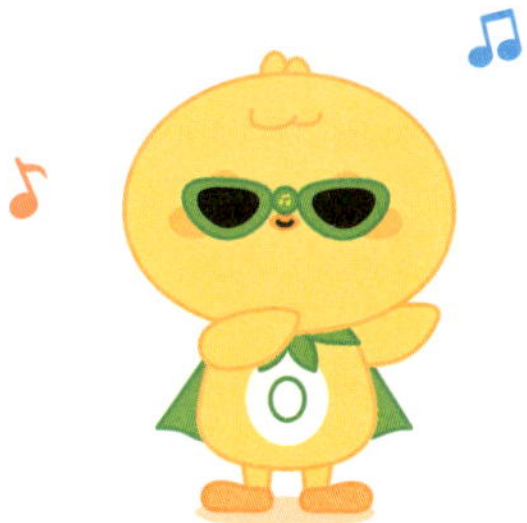

8 음표와 박 수가 바르게 짝 지어진 것은 무엇일까요? (　　　)

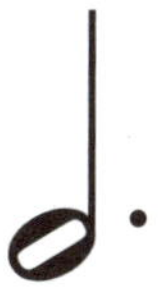

1 **줄**에 있는 것은 무엇일까요? ( )

2 **음표**와 **음표의 이름**이 바르게 짝 지어진 것은 무엇일까요? ( )

3 **계이름**이 바른 것은 무엇일까요? ( )

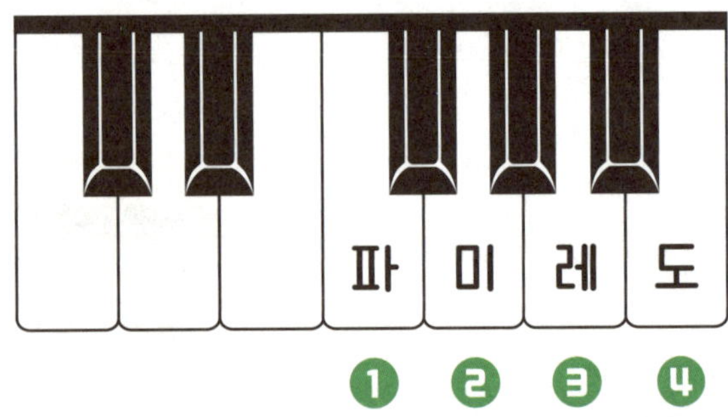

4 **줄과 칸의 이름**이 바르게 짝 지어진 것은 무엇일까요? ( )

5  **온음표**는 무엇일까요? (   )

❶ **❷** **❸** **❹**

6  **빈칸**에 들어갈 **단어**로 알맞은 것은 무엇일까요? (   )

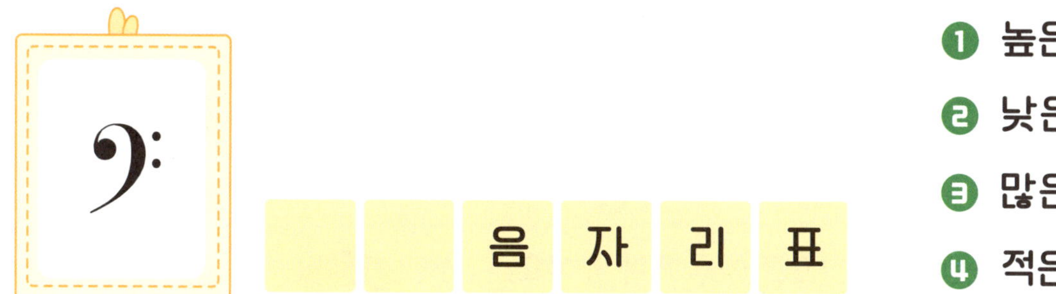

| | | 음 | 자 | 리 | 표 |

❶ 높은
❷ 낮은
❸ 많은
❹ 적은

7 **오선**의 **넷째줄**은 무엇일까요? (   )

❶   **❷**   **❸**   **❹**

8 보기 **음표의 이름**은 무엇일까요? (   )

❶ 2분음표   **❷** 점2분음표

❸ 온음표   **❹** 4분음표

1 보기에 있는 **악기의 이름**은 무엇일까요? (   )

❶ 피아노　　❷ 리코더

❸ 실로폰　　❹ 오카리나

2 빈칸에 들어갈 **숫자**로 알맞은 것은 무엇일까요? (   )

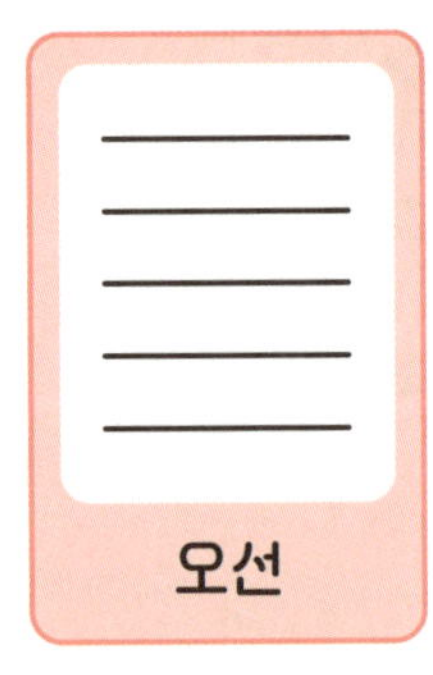

오선은 ☐ 개의 줄과
4개의 칸으로 이루어져 있어요.

❶ 3
❷ 4
❸ 5
❹ 6

3 ★, ♥, ▲, ●에 **계이름**이 바른 것은 무엇일까요? (   )

❶ ★도, ♥레, ▲미, ●파
❷ ★솔, ♥라, ▲시, ●도
❸ ★도, ♥시, ▲라, ●솔
❹ ★파, ♥솔, ▲시, ●도

4 **넷째칸**에 있는 온음표는 무엇일까요? (   )

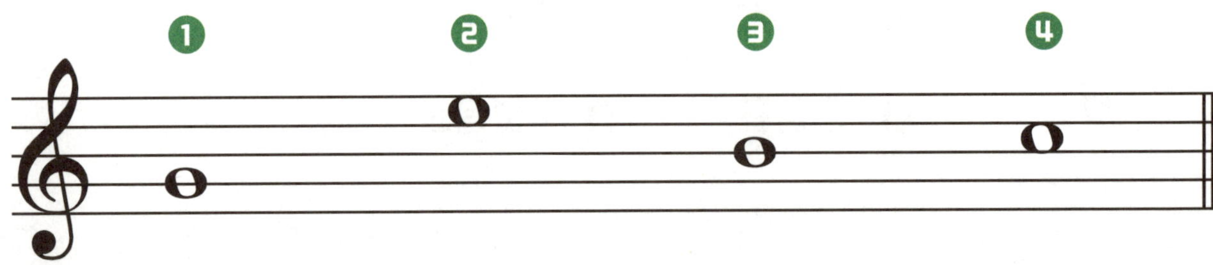

5 오른손 5번 손가락이 있는 건반의 계이름은 무엇일까요? (   )

❶ 레 ❷ 미
❸ 파 ❹ 솔

6 높은음자리표와 낮은음자리표가 바른 위치에 그려진 것은 무엇일까요? (   )

❶ 　❷ 　❸ 　❹ 

7 박 수가 가장 긴 음표는 무엇일까요? (   )

❶ 　❷ 　❸ 　❹ 

8 색칠된 건반의 계이름은 무엇일까요? (   )

❶ 도레미파 ❷ 도미솔시
❸ 레미파솔 ❹ 레파라시

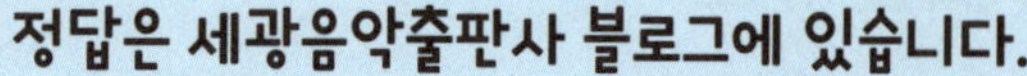

SOS 음악이론 with 평가문제 ① 편집부 편

발행인 박현수
발행처 세광음악출판사 | 서울특별시 용산구 만리재로 178
　　　　Tel. 02)714-0048(내용 문의)　Fax. 02)719-2656
　　　　http://www.sekwangmall.co.kr
공급처 (주)세광아트 Tel. 02)719-2651　Fax. 02)719-2191

|총괄| 강성호
|편집 및 교정| 한송이, 김성은, 유은재, 여정민
|디자인| 강주연
|제작| 김상준
|마케팅| 강성호, 윤미희

등록번호　제 3-108호(1953. 2. 12)　**인쇄일**　2024. 9
ISBN　978-89-03-12371-2　93670

LEVEL
1
MUSIC THEORY
수료증
This certificate is awarded to the above student
who successfully passed the SOS music theory test
conducted by our academy.
위 학생은 본 학원에서 실시한
SOS 음악이론 테스트에서
위 수준을 통과하였기에 이 상장을 수여합니다.
년   월   일
학원명
원장
SOS
Stages of Piano Skills